M.A Caiazzo

Verso la libertà

Guarire dalla Relazione Narcisistica

Distribuito da

A mia figlia, che è la ragione più luminosa e significativa della mia esistenza. Il tuo amore e la tua presenza hanno illuminato anche i giorni più bui, e sono grata ogni istante per la fortuna di averti accanto.

Al mio carnefice, paradossalmente, per avermi aperto gli occhi su ciò che non desidero nella mia vita. Attraverso le tue ombre, ho imparato a cercare la luce, a riconoscere il mio valore e a difendere la mia felicità.

A me stessa, per la forza che ho dimostrato e la resilienza che ho coltivato ogni giorno, per non essermi mai arresa, per aver trovato la forza di guarire e per aver abbracciato la persona che sono diventata.

Questo libro è un tributo a ogni passo di questo viaggio, e dedico queste pagine a coloro che, come me, hanno imparato a trasformare il dolore in forza, ad abbracciare la propria luce dopo aver attraversato le tenebre.

Indice

Prefazione

Questo libro è la testimonianza di un viaggio personale attraverso le sfide di una relazione con un narcisista. È un viaggio attraverso riflessioni e ricerche, ma spero che possa offrire conforto, comprensione e una guida per chiunque abbia attraversato o stia attraversando una situazione complicata a causa di una relazione tossica. La mia esperienza è una testimonianza di rinascita, e spero che possa ispirare anche altri a iniziare il proprio percorso verso la guarigione e l'autenticità.

La relazione di tre anni con un narcisista, è stata un'esperienza che mi ha portato al limite della mia resistenza emotiva. Un costante nodo alla gola, quell'insopportabile oppressione al petto e il respiro corto, sono stati i miei compagni di viaggio. Fin dall'inizio, ho intuito che qualcosa non andava, e ho cercato di mantenermi cauta. Tuttavia, lui aveva già fatto la sua scelta, e il suo potere di manipolazione ha fatto il resto.

Mi sono ritrovata a essere una pedina nelle mani di un narcisista, tutto ciò nonostante mi considero e mi consideravo una persona forte. I suoi comportamenti ambigui, i suoi momenti contraddittori e le sue continue bugie mi mantenevano in una sensazione di costante tensione. La situazione era insopportabile oltre che estremamente faticosa. Arrivavo spesso a lasciarlo ma lui sapeva come manipolarmi e riportarmi indietro, fino al punto che persino l'atto di mettere fine alla relazione sembrava aver perso significato.

Ho pregato molte volte affinché una motivazione sufficiente mi desse la forza di lasciarlo definitivamente, e la cosa più assurda è che queste motivazioni arrivavano puntuali, sempre più assurde e sempre più crudeli. Ma lui aveva sempre scuse pronte, mi accusava di essere paranoica o addirittura fingeva malori per trattenermi. Fino a quando è arrivata quella giusta.

Il tradimento? Vivevo con una costante mancanza di fiducia e il dubbio di un tradimento non mi abbandonava mai. Ma N non si è limitato ad essere così banale; è stato in grado di superare ogni mia aspettativa. La cosa più sconvolgente che possa mai accadere in una relazione è scoprire che il tuo partner è coinvolto anche con altre persone, in vere e proprie relazioni SERIE, non con amanti. Una volta scoperta la verità, non ho neanche per un istante pensato a come avremmo potuto risolvere la situazione. Su questo non c'erano dubbi: N aveva perso ogni minima possibilità di riconquistare il mio rispetto.

In realtà, la mia prima reazione è stata un senso di libertà. Finalmente avevo la motivazione che avevo cercato a lungo. Tuttavia, subito dopo ho avuto una caduta verso il fondo. Soffrivo di insonnia, e quando riuscivo a dormire, iniziavano gli incubi. Non sapevo cosa fosse peggio: le conversazioni mentali con N, in cui riversavo tutto il mio disprezzo, o rivivere l'incubo notte dopo notte. Non riuscivo a perdonarmi per non aver seguito il mio istinto, provavo vergogna e senso di colpa.

Ovviamente, mi sono immediatamente imposta di reagire, e la prima mossa che ho fatto è stata quella di cercare l'aiuto di un terapeuta. Questa è stata un'esperienza fondamentale, anche se il terapeuta non era specializzato in relazioni tossiche. Mi ha aiutato a conoscere me stessa, a capire i meccanismi alla base delle scelte tossiche che avevo fatto nella mia vita e a imparare a gestire le conversazioni mentali che si svolgevano nella mia mente.

Iniziai a praticare attività fisica, e questo, contribuiva a mantenere una certa fiducia in me stessa. Credo che la mia sicurezza e autostima non si erano mai completamente dissolte, anche se ho vissuto momenti di profonda insicurezza e ricordo chiaramente tutti i tentativi di N di abbattermi con i suoi giochi mentali. Dopo la delusione, l'esercizio fisico è diventato una forma di distrazione, e i progressi che ho fatto nel migliorare il mio corpo erano conquiste che mi entusiasmavano, facendo sì che i problemi legati alla mia relazione perdessero progressivamente di importanza.

Un altro aiuto fondamentale è arrivato dalla meditazione. Ho cominciato a praticarla la sera, e ho scoperto che mi aiutava a conciliare il sonno. Ascoltavo meditazioni guidate che potevo trovare facilmente su diverse piattaforme online. La meditazione è diventata una delle abitudini che ho scelto di adottare e non ho mai più abbandonato. Mi aiuta a mantenere l'equilibrio e la serenità mentale, portandomi benefici in ogni area della mia vita.

Senza dubbio una cosa che ho deciso di fare, è stato tirare fuori i miei vecchi sogni e basta pensare che sia troppo tardi per perseguirli. Questo libro è la prova vivente del fatto che non esiste un limite di età per cercare di realizzare i propri obiettivi. Per quanto mi riguarda ho tirato fuori le mie passioni e ne ho fatto delle mete da raggiungere, su cui sto tuttora investendo e trasformando in realtà concrete. Scrivere un libro potrebbe non essere stato uno di quei sogni iniziali, ma ho scoperto che con passione e determinazione, è possibile raggiungere nuovi traguardi. Se attraverso questa esperienza, riesco ad aiutare anche solo una persona, tutto ciò che ho vissuto avrà avuto uno scopo significativo. Ecco perché ho deciso di condividere la mia storia e le lezioni apprese durante il mio percorso di guarigione e rinascita.

Questi atteggiamenti mentali e le sane abitudini sono diventati i miei compagni di viaggio lungo il percorso di guarigione. Non solo mi hanno aiutato a diventare una persona migliore, ma mi hanno anche insegnato l'importanza dell'amore per me stessa, un concetto che ripeterò più volte nel corso di questo libro. Senza dubbio, questa esperienza ha contribuito a plasmare la persona che sono diventata. Oggi riesco ad essere grata a me stessa, per tutta la forza e l'apertura mentale con cui affronto la vita e le difficoltà. Quella me che non si è arresa al dolore, ma ha voluto a tutti i costi capire cosa mi tratteneva in una relazione che mi provocava sofferenza e cosa porta un narcisista a comportarsi in un certo modo. Pertanto, ho deciso di condividere in questo libro tutte le informazioni che mi hanno aiutato a raggiungere la consapevolezza, sperando che possano essere altrettanto utili a chi legge.

Oggi, quando penso a N, provo una profonda tenerezza come quella che si prova verso un bambino insicuro. Il lavoro che ho fatto su me stessa mi ha permesso di perdonare la sua personalità egoica e provare compassione verso quella personalità reale che è rimasta sepolta e che, probabilmente, non conoscerà mai l'amore.

Questa è la mia storia, e quello che voglio trasmettere sono tutte le informazioni che sono state utili a me per comprendere quello che avevo vissuto. È anche la storia di tante persone che, senza distinzione di genere, si sono ritrovate a vivere l'incubo di una relazione con un narcisista, e che hanno bisogno di risposte. Spero che questo libro possa offrire un raggio di speranza a chi ne ha bisogno e costituire una guida per chi desidera intraprendere il proprio percorso di guarigione e autenticità.

Introduzione

Verso la libertà, vuole farti conoscere la realtà che, probabilmente, se stai leggendo questo libro, ti tiene in trappola. Il narcisismo, è un tratto di personalità che può lasciare cicatrici profonde nelle vite delle persone coinvolte.

Questo disturbo di personalità diffuso nella popolazione, colpisce sia uomini che donne. Io non voglio concentrarmi ne sui dati statistici ne sugli studi specifici, voglio mettere in luce quanto sia una realtà che può toccare chiunque, senza distinzione di genere, età o background. Questo libro non è un trattato teorico sul narcisismo, ma una narrazione basata sulle mie esperienze, informazioni e ricerche accumulate nel corso degli anni. Sono qui per condividere con te le scoperte che mi hanno permesso di comprendere meglio cosa mi stesse accadendo e, soprattutto, cosa potevo e dovevo fare per uscirne, facendo in modo che tu possa riconoscerne i sintomi e reagire allo schema tipico del narcisista..

Sono sicura che tu, come me, hai vissuto o stai vivendo momenti di confusione, dolore e incertezza all'interno di una relazione con un/una narcisista. Questo libro vuole essere un'opportunità per condividere conoscenze preziose e strategie pratiche, in modo che tu possa guadagnare chiarezza, forza e la certezza che esiste una via d'uscita da questa situazione. La mia esperienza personale diventa la tua guida personale. Spero che, attraverso queste pagine, possiamo camminare insieme verso un futuro di autenticità, crescita e benessere.

Questa testimonianza offre una prospettiva su come il narcisismo possa influenzare la vita quotidiana e il benessere mentale, portando a una comprensione più profonda di cosa significhi vivere con una persona affetta da questo disturbo.

Esploreremo i segnali premonitori, le dinamiche tossiche, e soprattutto, le strategie per uscire da una relazione con un narcisista. L'obiettivo principale è fornire sostegno e risorse a coloro che stanno cercando una via d'uscita da una relazione distruttiva e a chi desidera costruire una vita più sana e appagante.

> *Ho sempre associato N. al vizio del fumo, nonostante ero consapevole di quanto fosse nocivo, non riuscivo a smettere. Forse cercavo la motivazione giusta, o semplicemente aspettavo di toccare il fondo.*

Capitolo 1: Cos'è il narcisismo

Il Narcisismo: Radici Mitologiche e Realtà Psicologica

Il narcisismo è un termine che affonda le sue radici nella mitologia greca, in particolare nel mito di Narciso. Secondo la leggenda, Narciso era un giovane di straordinaria bellezza che si innamorò perdutamente di se stesso, osservando il suo riflesso nell'acqua. Questo amore smisurato per se stesso lo portò alla sua rovina quando si gettò nell'acqua per raggiungere la sua immagine e annegò.

Sebbene il mito di Narciso sia affascinante, il narcisismo in psicologia non è tanto una questione di amare se stessi quanto di amare un'immagine idealizzata di se stessi. Oggi, il disturbo narcisistico di personalità è considerato un tratto caratterizzato da una visione distorta e grandiosa di sé, spesso accompagnata da una ricerca incessante di ammirazione e riconoscimento dagli altri.

Esistono diverse tipologie di narcisismo, ognuna con le proprie caratteristiche distintive. Sebbene ci siano punti che le accomunano, ci sono anche differenze considerevoli. Tuttavia, è importante notare che ciascuna presenta caratteristiche tipiche che sono comuni alle persone con tali tratti di personalità.

È cruciale acquisire una comprensione delle diverse categorie di narcisismo e delle loro caratteristiche distintive al fine di essere in grado di riconoscerle nelle persone che ci circondano.

Le personalità del narcisista

I narcisisti possono essere affascinanti all'esterno ma distruttivi all'interno delle relazioni private. Questa dualità può essere particolarmente confusa e dannosa per coloro che cercano di comprendere e gestire le dinamiche delle relazioni con un narcisista. Ecco ulteriori dettagli sull'argomento:

L'Affascinante Maschera Sociale: I narcisisti spesso mettono una maschera per impressionare gli altri. Sanno come apparire carismatici, sicuri di sé e affascinanti in situazioni sociali o professionali. Possono attirare l'attenzione e guadagnare ammirazione dagli altri con il loro comportamento estroverso e la loro capacità di manipolare le impressioni.

Questa maschera sociale è costruita per nascondere la loro insicurezza e i loro veri tratti narcisistici, come l'egoismo e la mancanza di empatia, usano questa abilità per adattarsi alle diverse situazioni e persone. Possono sembrare affabili, generosi e interessati agli altri quando è necessario. Può per esempio capitare che aiutino economicamente parenti o amici, ma questa è spesso solo una strategia per ottenere ammirazione e controllo.

Grazie a questo lato apparente, possono risultare irresistibili nelle prime fasi delle relazioni, ma anche agli occhi di amici o nell'ambito lavorativo. Sono persuasivi, affascinanti e sanno come fare le giuste impressioni. Questo li aiuta a conquistare le persone e ad attirare l'attenzione su di sé, motivo per la quale molte persone narcisiste, in particolare quelli overt, hanno molto successo nel lavoro, arrivano a ricoprire ruoli di rilievo e raggiungono traguardi economici importanti.

Ricordate sempre che il narcisista desidera costantemente l'ammirazione e l'attenzione degli altri. La loro maschera sociale è progettata per ottenere esattamente questo. Possono fare tutto il possibile per essere al centro dell'attenzione e arrivano a questo facendo sentire gli altri inadeguati e inferiori a lui/lei.

Questa loro maschera è spesso così efficace che può essere difficile vedere attraverso di essa. Tuttavia, nel corso del tempo, quando emergono i veri tratti narcisistici, le persone iniziano a riconoscere le discrepanze tra la maschera e la realtà.

Il Lato Oscuro nelle Relazioni Intime: Quando si tratta di relazioni più intime, questa maschera sociale può cadere, e il vero lato del narcisista emerge. Possono diventare critici, dominanti e insensibili. Questa transizione può essere sconcertante per il partner, che può sentirsi come se stesse vivendo con due persone diverse. Più avanti toccheremo il tema del sesso nel rapporto narcisistico visto che è un argomento che può essere estremamente delicato in molti casi.

Mantenere questa personalità di facciata, tuttavia è molto faticoso per il narcisista, vivere la menzogna della persona perfetta può diventare insostenibile, e quando si trovano in una relazione più stretta e sentono che hanno già conquistato il partner, possono sentirsi più liberi di mostrare il loro vero sé. Mentre nella fase di idealizzazione erano premurosi e affettuosi, nella fase di svalutazione, il narcisista può diventare critico e dominante. Iniziano a sminuire il partner, criticando aspetti del suo aspetto, comportamento o scelte di vita. Può mostrare una crescente mancanza di empatia e una maggiore insensibilità verso i bisogni e i sentimenti del proprio compagno o compagna. Possono utilizzare la manipolazione emotiva per ottenere ciò che vogliono, come minacce di abbandono o comportamenti passivo-aggressivi.

Le brusche transizioni tra il comportamento affettuoso e quello critico possono confondere e destabilizzare il partner. Questi cambiamenti veloci d'umore possono creare un ambiente emotivo instabile nella relazione, cerca spesso di ottenere il controllo completo del partner e possono cercare di farlo sentire insicuro e dipendente da loro per mantenere il potere. Il ciclo di idealizzazione e svalutazione può ripetersi più volte nella relazione, alternando tra il comportamento idealizzante e quello svalutante. Questo rende difficile per il partner sapere cosa aspettarsi e contribuisce a una sensazione di instabilità emotiva.

Manipolazione Emotiva: Nelle relazioni private, il narcisista può utilizzare la manipolazione emotiva per ottenere ciò che desidera. Possono minacciare l'abbandono, fare giochi mentali o ricorrere a comportamenti passivo-aggressivi per mantenere il controllo sulla situazione.

Il Bisogno di Dominio: Il narcisista spesso cerca di dominare la relazione e di avere il controllo su ogni aspetto della vita del partner. Questo desiderio di dominio può manifestarsi attraverso comportamenti coercitivi o manipolatori.

Il partner di un narcisista può sentirsi esausto a causa di questa dualità comportamentale. Passare dall'essere affascinante e adorato all'essere criticato e dominato può essere emotivamente logorante.

È importante riconoscere che il narcisista non cambierà facilmente e può essere necessario prendere decisioni difficili per proteggere il proprio benessere emotivo. Cerca il supporto di amici, familiari o professionisti per aiutarti a navigare attraverso queste complesse dinamiche relazionali. Ricorda che meriti una relazione sana e rispettosa.

La donna narcisista

Ho deciso di dedicare un paragrafo alla donna narcisista, un argomento spesso trascurato perché poco denunciato, ma di grande rilevanza.

Questo libro è stato concepito come un contributo alla comprensione del fenomeno del narcisismo, unendo esperienze personali, ricerche approfondite e dialoghi con coloro che hanno attraversato situazioni simili. L'ascolto delle storie di uomini che hanno vissuto il trauma del narcisismo femminile mi ha spinto ad approfondire l'argomento e a condividere ciò che è venuto fuori.

Nel complesso, il libro esamina le caratteristiche generali del narcisismo, ma è importante sottolineare che possono emergere differenze significative nel riconoscere il disturbo narcisistico in una partner donna. Questo approfondimento è finalizzato a offrire uno sguardo più completo sulle dinamiche delle relazioni e sulla varietà di comportamenti narcisistici presenti nella nostra società.

Affrontare il tema delle donne narcisiste solleva una questione interessante: perché se ne parla meno rispetto agli uomini con questa caratteristica? Ciò può essere attribuito a diversi fattori.

A causa degli stereotipi culturali, i comportamenti narcisistici nelle donne potrebbero essere meno riconosciuti o meno attenzionati rispetto a quelli negli uomini. Poiché le donne sono spesso percepite come più empatiche e orientate alle relazioni, i segni di narcisismo in una donna potrebbero essere trascurati o sottovalutati a causa delle aspettative sociali. In realtà, il mio punto è che, a dispetto di queste aspettative sociali, il narcisismo può manifestarsi in entrambi i generi, ma il riconoscimento di comportamenti narcisistici nelle donne potrebbe essere limitato dalla presenza di stereotipi culturali riguardanti il comportamento femminile.

Inoltre, la natura narcisistica stessa, nelle donne, può giocare un ruolo nel mantenere un profilo più basso. Le donne narcisiste possono essere maestre nell'arte della manipolazione e della presentazione di un'immagine pubblica impeccabile. Questa abilità nel gestire le apparenze può rendere più difficile rilevare i segnali di comportamento distruttivo.

Affrontare una relazione con un narcisista può essere un percorso complicato, e comprendere le differenze tra l'uomo e la donna narcisista è essenziale per navigare in queste dinamiche. Mentre i tratti narcisistici possono manifestarsi in entrambi i sessi, alcune sfumature possono differire.

L'uomo narcisista può spesso mostrare un desiderio di dominio e controllo più evidente, cercando di stabilire una superiorità attraverso il potere e l'assertività. La sua ricerca di ammirazione può concentrarsi su risultati esterni, come il successo professionale o l'aspetto fisico. La manipolazione può manifestarsi attraverso la negazione dei propri errori e l'imposizione della sua volontà.

Dall'altra parte, la donna narcisista potrebbe enfatizzare l'aspetto relazionale della sua vita, cercando ammirazione attraverso l'aspetto sociale e spesso proprio sulla sua capacità di gestire le relazioni. Esplorare il mondo complesso delle donne narcisiste ci porta a scoprire che, a differenza di alcune percezioni comuni, queste donne non si presentano necessariamente come fredde e calcolatrici. Al contrario, spesso incarnano il perfezionismo, dedicandosi con ossessione alla loro vita di coppia e familiare.

Queste donne perfezioniste mettono in primo piano la cura della casa e della famiglia, apparentemente prestando attenzione persino ai dettagli più minuti. Tuttavia, dietro questa apparente dedizione, si cela un lato oscuro. La loro perfezione diventa un terreno fertile per il giudizio implacabile, dove ogni piccolo difetto del partner viene messo sotto la lente d'ingrandimento.

In questo quadro, la donna narcisista può diventare una critica incessante, rinfacciando con prontezza qualsiasi imperfezione che possa disattendere le sue aspettative di donna o madre. Questo atteggiamento, seppur mascherato da un'apparente dedizione, nasconde dinamiche relazionali complesse e spesso dannose.

Il bisogno di ammirazione nella donna narcisista è una caratteristica centrale del suo comportamento e del suo modo di percepire se stessa nel contesto delle relazioni interpersonali. Questa necessità è alimentata da una fragilità dell'autostima che, se non soddisfatta, può portare a un senso di vuoto e insicurezza. L'ammirazione e l'approvazione esterna diventano fonti essenziali di validazione. La sua autostima è profondamente legata alla percezione che gli altri hanno di lei. Ottenere ammirazione è un modo per compensare una mancanza interna di sicurezza in se stessa.

Ci sono atteggiamenti che possono rendere più evidente il disturbo, infatti la donna narcisista può impegnarsi in comportamenti che mirano a catturare l'attenzione e a ottenere conferme positive dagli altri. Questo può manifestarsi attraverso l'accentuazione dell'aspetto fisico, la ricerca di elogi o il desiderio di essere al centro dell'attenzione in qualsiasi contesto. Spesso costruisce una forte relazione con la sua immagine esterna. L'attenzione e la lode ricevute per l'aspetto fisico, le realizzazioni personali o altri attributi esteriori diventano fondamentali per il suo senso di autovalutazione. Nonostante possa apparire sicura e fiduciosa all'esterno, la donna narcisista è spesso estremamente vulnerabile alla critica. Laddove la critica potrebbe minare la sua immagine idealizzata di sé stessa, può scatenare reazioni di difesa o di negazione.

L'eccessiva dipendenza dall'ammirazione esterna può portare a un ciclo insoddisfacente in cui la donna narcisista cerca continuamente nuove fonti di validazione senza mai raggiungere una soddisfazione duratura.

Andando oltre nelle ricerche delle caratteristiche di questo disturbo, la dinamica in cui una persona, sia essa uomo o donna, cerca un partner principalmente per sfruttarne le risorse economiche è una possibile manifestazione di comportamento narcisistico. A differenza dell'uomo narcisista overt, che vuole dimostrare la propria grandezza anche attraverso regali costosi, nel caso della donna narcisista può capitare che cerchi un partner con l'intento di sfruttarne gli aspetti finanziari. Potrebbe essere particolarmente attratta da individui di successo finanziario, non tanto per la persona in sé, ma per la possibilità di usufruire delle risorse materiali e finanziarie. Nel corso della relazione, la donna narcisista potrebbe fare richieste finanziarie eccessive o aspettarsi che il partner fornisca costantemente regali costosi o supporto finanziario, arrivando ad utilizzare tattiche di manipolazione emotiva sfruttando la propria vulnerabilità o minacciando la fine della relazione, cercando costantemente modi per far fronte alle proprie spese attraverso il partner.

La sua priorità potrebbe essere il beneficio finanziario piuttosto che la costruzione di una relazione sana e significativa.

È però importante sottolineare che non tutte le donne narcisiste seguono questo modello, e il comportamento narcisista può manifestarsi in modi diversi in base alla personalità e alle circostanze individuali. Inoltre, il comportamento di sfruttamento economico può essere presente in individui di qualsiasi genere e orientamento sessuale e non necessariamente narcisisti. La consapevolezza di queste dinamiche è fondamentale per proteggere la propria autostima e benessere in una relazione.

La dinamica relazionale segue uno schema costante: la donna attraversa cicli in cui idealizza il partner, seguiti da momenti in cui lo svaluta e lo abbandona, solo per ritornare in seguito a recuperarlo. Durante queste fasi, la donna accusa e punisce il partner per non essere all'altezza della sua grandezza. Questi continui alti e bassi caratterizzano la relazione, creando un ambiente emotivo instabile e sfidante per entrambi. Quando il partner, spesso un uomo con una forte dipendenza affettiva e con scarsa autostima, si mostra pentito, promettendo di "cambiare", la donna concede il suo perdono e offre una breve tregua dimostrandosi affettuosa e romantica. Tuttavia, questa fase di apparente riconciliazione è destinata a essere seguita da un ritorno alla svalutazione e alla generazione di conflitti. In particolare, la donna può reagire negativamente se il partner cerca di esprimere la propria individualità o se le sue scelte entrano in conflitto con i desideri della donna. La ciclicità di queste dinamiche può rendere la relazione estenuante e destabilizzante per il partner coinvolto, alimentando un ambiente emotivo difficile e faticoso da gestire.

Panoramica sulle diverse tipologie di narcisismo.

Il narcisismo è una complessa condizione di personalità che può manifestarsi in diversi modi. Ecco una panoramica delle principali categorie di narcisismo:

Narcisismo Patologico: Il Narcisismo Patologico, noto anche come Narcisismo Patologico Estremo o Narcisismo Maligno, rappresenta la forma più grave e dannosa. Questa condizione di personalità è caratterizzata da tratti estremi di grandiosità, manipolazione, egocentrismo e mancanza di empatia. I narcisisti patologici mostrano un senso di grandiosità e superiorità sproporzionato rispetto alla realtà. Si considerano eccezionali, speciali e superiori agli altri. Questa grandiosità può portarli a cercare costantemente l'ammirazione e l'approvazione da parte degli altri.

Il narcisista patologico ha un costante bisogno di ammirazione e adorazione. Cerca incessantemente l'attenzione e la conferma degli altri, spesso attraverso comportamenti spettacolari o manipolazioni emotive.

Uno dei tratti distintivi del narcisismo patologico è la totale mancanza di empatia verso gli altri. Non riescono a comprendere o a rispettare i sentimenti, i bisogni o i diritti delle persone intorno a loro. Possono sfruttare e danneggiare gli altri senza remore.

Possono utilizzare la manipolazione emotiva, la menzogna, la minaccia o il ricatto per ottenere ciò che vogliono e per mantenere il controllo sulla situazione o sulle persone intorno a loro. Spesso provano una profonda invidia nei confronti degli altri e possono reagire con rabbia quando si sentono minacciati o quando qualcun altro riceve l'attenzione che credono spetti a loro. *Ma cosa ancora più grave, queste persone possono adottare comportamenti distruttivi, come l'abuso emotivo o persino fisico.* Siate coscienti del fatto che queste persone sono inclini a danneggiare le persone intorno a loro senza provare mai un vero senso di colpa o rimorso. Possono cercare di isolare le persone intorno a loro, cercando di mantenere il controllo totale sulla loro vita e le loro decisioni. Questo può includere l'isolamento sociale e l'allontanamento da amici e familiari.

Le relazioni con un narcisista patologico sono spesso instabili e caratterizzate da cicli di idealizzazione e svalutazione. Possono passare da adorare il partner a denigrarlo in modo brutale ed è notoriamente difficile da trattare poiché il narcisista raramente riconosce la necessità di cambiare o di cercare aiuto. La terapia può essere utile, ma richiede una motivazione significativa da parte del narcisista. Il problema è che dovrebbero riconoscere che hanno un problema!

È importante notare che il narcisismo patologico rappresenta una minoranza estrema dei casi di narcisismo. La sua gravità e la mancanza di empatia lo rendono particolarmente dannoso per coloro che hanno relazioni con individui affetti da questa condizione. In molti casi, è necessario stabilire limiti rigorosi o persino allontanarsi completamente per proteggere il proprio benessere emotivo e fisico.

Narcisismo Vulnerabile o Covert: Il Narcisismo Vulnerabile, noto anche come Narcisismo Covert o Narcisismo Vulnerabile, rappresenta una forma più nascosta e sottile del narcisismo rispetto al Narcisismo Grandioso. A differenza del Narcisista overt, che mostra una maschera di grandiosità e sicurezza, il Narcisista covert nasconde una profonda fragilità e insicurezza. Spesso si sentono inferiori o inadeguati, ma cercano di nascondere queste debolezze agli altri. Possono apparire come persone modeste o umili in superficie, ma in realtà cercano comunque di attirare l'attenzione e l'approvazione. La loro modestia può essere un mezzo per ottenere simpatia e comprensione dagli altri, e possono sfruttare la loro apparenza "debole" per manipolare le situazioni a loro vantaggio.

Questi narcisisti tendono ad avere una bassa autostima e possono dubitare costantemente delle loro capacità o del proprio valore, hanno quindi la necessità di ricevere costantemente rassicurazione dagli altri.

Per ottenere ciò che desiderano o per gestire il senso di inferiorità, i narcisisti vulnerabili possono adottare comportamenti passivo-aggressivi. Questi comportamenti possono includere sarcasmo, rancore o sabotaggio indiretto. Utilizzano spesso la vittimizzazione come tattica per manipolare gli altri. Una delle caratteristiche chiave di questo tipo di narcisismo è la paura delle critiche. I narcisisti covert possono essere ipersensibili alle critiche e possono reagire con una forte difesa o con sentimenti di ferita profonda. Le relazioni con loro possono essere altamente complesse, oscillando tra momenti di bisogno e dipendenza emotiva e momenti di rifiuto e distacco. Queste dinamiche possono rendere difficile per gli altri capire chi sono veramente queste persone.

Narcisismo Grandioso o Overt: Il Narcisismo Grandioso, noto anche come Narcisismo Overt o Narcisismo Grandioso Estroverso, rappresenta una forma più evidente e visibile del narcisismo. La caratteristica principale del narcisismo grandioso è un senso smisurato di autoimportanza. Le persone con questo tratto di personalità tendono a credere che siano superiori agli altri in termini di intelligenza, bellezza, talento o statuto sociale. Questa grandiosità è spesso esagerata e non supportata dalla realtà. Cercano costantemente l'attenzione e l'ammirazione dagli altri. Vogliono essere il centro dell'attenzione e cercano elogi e complimenti in modo persistente. Possono parlare di se stessi in modo eccessivo e vantarsi dei loro successi, reali o immaginari. Hanno comportamenti dominanti e cercano di ottenere potere e controllo nelle relazioni. Vogliono essere leader e possono essere molto competitivi. Vedono gli altri come strumenti per raggiungere i propri obiettivi.

Uno dei tratti distintivi del narcisismo overt è la mancanza di empatia. Queste persone sono spesso insensibili ai bisogni e ai sentimenti degli altri, concentrati principalmente su se stesse. Possono essere profondamente invidiosi degli altri, specialmente se percepiscono che qualcuno potrebbe avere successo o attenzione più di loro e reagire a questa invidia con aggressività o cercando di sminuire gli altri.

Vogliono avere il controllo delle situazioni e delle persone intorno a loro. Possono manipolare gli altri per ottenere ciò che vogliono e per soddisfare i loro bisogni di grandiosità e potere. Incapaci di accettare la critica in modo costruttivo, reagiscono ad essa con rabbia o sfida, considerandola un attacco alla loro grandiosità.

Le relazioni con i narcisisti overt tendono ad essere superficiali e basate sull'uso che possono fare degli altri per ottenere ammirazione o successo. Non mostrano spesso una vera connessione emotiva o autentica empatia.

Il narcisismo grandioso è evidente nell'atteggiamento e nel comportamento delle persone che ne sono affette, il che rende più facile riconoscerlo rispetto ad altre forme di narcisismo. Tuttavia, può essere molto dannoso per coloro che sono coinvolti in relazioni con individui con questo tratto di personalità, poiché rimangono come intrappolate in questo legame tossico.

È importante notare che il narcisismo è un tratto di personalità complesso e può variare da persona a persona. Mentre alcune possono manifestare tratti narcisistici più evidenti, altre possono avere forme più nascoste o subdole. La diagnosi e la comprensione approfondita del narcisismo richiedono una valutazione da parte di un professionista.

Ma riconoscerne i segnali è fondamentale per chi vive costantemente al fianco di persone che hanno sintomi che possano far pensare a questo disturbo.

Le vittime di una relazione tossica con un narcisista possono sperimentare una serie di disagi emotivi, psicologici e persino fisici. Questi disagi sono il risultato delle dinamiche dannose e manipolative presenti in una relazione con un narcisista. Cruciale è riconoscere tali disagi e reagire prima di riportare danni gravi.

Il partner o la partner per il narcisista è una fonte di approvvigionamento per il proprio ego

---

L'importanza di riconoscere i segni del narcisismo nella relazione.

Il narcisismo è un tratto di personalità che va molto oltre un semplice egoismo eccessivo. Esplorandone la complessità, possiamo notare alcune caratteristiche chiave che contribuiscono a renderlo un fenomeno psicologico intricato.

La Dualità Comportamentale dei Narcisisti

La dualità comportamentale dei narcisisti è uno degli aspetti più difficili da affrontare nelle relazioni con queste persone. Essa si manifesta attraverso una variazione estrema tra due modi di comportarsi: da un lato, possono apparire estremamente affascinanti, carismatici e seducenti, mentre dall'altro, possono diventare freddi, insensibili e manipolatori. Questa dualità comportamentale è una delle ragioni principali per cui le persone coinvolte in una relazione con un narcisista spesso si sentono confuse e intrappolate.

Fase di Idealizzazione vs. Fase di Svalutazione: Come Riconoscere i Segnali

La dinamica dell'idealizzazione seguita dalla svalutazione è una delle esperienze più complesse e dolorose nelle relazioni con i narcisisti. Inizialmente, potresti sperimentare un'eccesso di affetto, attenzione e lusinghe, che ti fanno sentire amato/a più di quanto avessi mai immaginato. Questa fase può essere travolgente e crea un legame emotivo forte.

Tuttavia, questa idealizzazione è spesso effimera. Il narcisista può passare dalla lode e l'adorazione a una fase di svalutazione in cui sembra che nulla di ciò che fai sia abbastanza buono. Le attenzioni scompaiono, e il narcisista potrebbe diventare critico, distante o addirittura ignorarti completamente.

Questa transizione può essere straziante, poiché inizi a dubitare di te stesso e delle tue azioni. Le discussioni e le liti diventano frequenti, e spesso ti trovi a cercare disperatamente di recuperare quella fase iniziale di amore e idealizzazione.

Questo ciclo può lasciare cicatrici profonde, minare la tua autostima e creare dipendenza emotiva dalla ricerca costante di affetto e approvazione.

Nel capitolo successivo approfondiremo le varie fasi in maniera più approfondita.

I tradimenti del narcisista

Il tradimento narcisistico rappresenta una vera e propria forma di tradimento in cui il narcisista cerca di soddisfare i suoi bisogni egoistici senza curarsi troppo della relazione in cui si trova e della sua partner attuale. Questo comportamento, particolarmente comune tra le personalità narcisistiche, ripetono lo stesso schema di tradimento in diverse relazioni.

Non è il risultato di momenti di debolezza, ma è un azione ben pianificata, anche perché non può fallire, il suo ego non accetterebbe un rifiuto. A spingere il narcisista ad un comportamento del genere, è il bisogno di continue conferme, possibilmente da più persone. Ad esempio, il traditore potrebbe mantenere due relazioni in città diverse e adottare strategie per nascondere le sue azioni.

Spesso, nel contesto del tradimento narcisistico, la coesistenza di più persone coinvolte è un elemento comune. In molti casi, il traditore ha stabilito e mantenuto relazioni parallele prima ancora di intraprendere la relazione con la Fonte Primaria.

La Fonte Primaria è la persona da cui il narcisista riesce ad attingere maggiore approvvigionamento emotivo. A ricoprire questo ruolo possono essere la fidanzata, la compagna, la moglie o l'amante.

Presenta se stesso come single e potrebbe lasciar intendere ad ogni una delle persone coinvolte che potrebbe esserci la possibilità di una relazione seria, attraverso le sue premature dimostrazioni d'amore. Il traditore narcisista usa queste dinamiche per soddisfare i propri bisogni egoistici, come abbiamo detto e nonostante la sua fonte primaria, è in continua ricerca di alternative per non correre mai il rischio di rimanere privo fonti di rifornimento. Ovviamente non avrà alcuna considerazione sulle conseguenze che questo comportamento può avere sulle persone coinvolte, questo perché come abbiamo più volte detto il narcisista è quasi o completamente privo di empatia.

Un altro aspetto da non sottovalutare, è che può spesso sottolineare l'importanza della sincerità e della fedeltà, nella fase iniziale di una relazione. Questo è un aspetto importante da approfondire, poiché può essere usato come un mezzo per guadagnare la fiducia e il coinvolgimento della partner. É ovvio che non tutti quelli che parlano dell'importanza della sincerità sono narcisisti, ma quando arrivi al momento in cui stai disegnando i tratti della personalità della persone che ti sta affianco, questa enfasi sulla sincerità e sulla fedeltà può essere un segno di riconoscimento oltre che una parte della rappresentazione che il narcisista crea di sé stesso come un individuo con valori integerrimi, che attribuisce grande importanza a queste qualità morali. Tuttavia, come discusso in precedenza, il tradimento narcisistico spesso rivela una realtà molto diversa. Le azioni di chi ha inclinazioni narcisistiche non sempre corrispondono ai discorsi che fa. Mentre all'inizio potrebbero promuovere la lealtà e la fedeltà come valori fondamentali, le loro azioni possono rivelare una totale mancanza di coerenza in questo senso.

In questo paragrafo ho descritto il narcisista al maschile, in primo luogo perché tra le diverse letture che ho fatto in merito, pare che questa sia una caratteristica per lo più dei narcisisti uomini. Per quanto riguarda le mie esperienze personali e delle persone con cui ho avuto modo di confrontarmi, pare che le donne abbiano un modus operandi diverso o quanto meno in certi aspetti. Ma poiché non ho sufficienti informazioni in merito preferisco per il momento non approfondire l'argomento.

Capitolo 2: Le Fasi

Fase di Idealizzazione: Love bombing

Il narcisista sembra irresistibile all'inizio della relazione. Sono estremamente affettuosi, premurosi e attenti alle tue esigenze, spesso superando le aspettative. La fase di idealizzazione, spesso denominata "Love bombing," è una delle caratteristiche più insidiose di una relazione con un narcisista.

Durante questa fase, il narcisista sembra irresistibile e si impegna a conquistarti in modo straordinario. Ecco alcuni dettagli sul Love bombing narcisistico:

1. Intensità Emotiva: Durante questa fase, il narcisista crea un'atmosfera di intensità emotiva. Sono estremamente affettuosi, appassionati e sembrano desiderare ardentemente la tua presenza. Puoi sentirsi travolto dalla loro attenzione e affetto, che sembra molto reale e genuino.

2. Generosità Eccessiva: Il narcisista potrebbe dimostrare una generosità e una premura straordinarie. Ti sovrappagheranno con regali costosi, attenzioni costanti e gesti romantici, facendoti sentire come se fossi la persona più importante al mondo.

3. Eccellente Ascolto: Sembrano disposti ad ascoltarti e a mostrare un profondo interesse per la tua vita, i tuoi sogni e le tue esperienze passate. Questo ascolto attento può farti sentire finalmente compreso e apprezzato.

4. Sovraidealizzazione: Durante questa fase, il narcisista ti idealizzerà in modo eccessivo. Sarai descritto come la persona più speciale che abbiano mai incontrato, e saranno convinti che tu sia la risposta a tutti i loro desideri.

5. Creazione di Dipendenza Emotiva: Questo comportamento intensamente amorevole può creare una dipendenza emotiva. Ti sentirai sempre più attratto da loro e dipenderai sempre di più dalla loro approvazione e affetto.

L'obiettivo del narcisista in questa fase è di "catturarti" emotivamente, facendoti sentire eccezionale e unico/a per poi controllarti meglio nella fase successiva.

È importante riconoscere che questa fase di idealizzazione è spesso temporanea e destinata a cambiare.

Quando riconosci questi segnali, è essenziale mantenere un certo grado di consapevolezza e cercare di vedere al di là delle apparenze. Non lasciarti trasportare completamente dall'entusiasmo iniziale, ma prenditi il tempo per conoscere davvero il partner e valutare la salute della relazione. Alla fine del capitolo, approfondiremo come affrontare la transizione dalla fase di idealizzazione a quella di svalutazione e come proteggerti dalla manipolazione emotiva.

Rapida Intensificazione della Relazione: La relazione si sviluppa molto rapidamente, con il narcisista che sembra essere completamente coinvolto e ansioso di impegnarsi in modo profondo e veloce.

Uno dei tratti distintivi in queste relazioni è la rapida intensificazione della relazione. In questa fase, il narcisista sembra essere completamente coinvolto e desideroso di impegnarsi in modo profondo e veloce. È importante comprendere questa dinamica per riconoscere nel partner un possibile disturbo narcisistico. È un po' strano che ti dicano "ti amo" ai primi appuntamenti, non trovi? Quando è successo a me mi sentivo confusa ma in modo piacevole, poi mi sono resa conto che da li è partito l'incubo che mi sono ritrovata a vivere per i 3 anni successivi. Ecco alcuni segnali che ti possono aiutare a riconoscere il narcisista:

1. Sbalzo da 0 a 100: Il narcisista spesso si sposta da una conoscenza superficiale a un coinvolgimento estremamente profondo in un tempo incredibilmente breve. Questo può far sembrare che la relazione stia progredendo a una velocità sorprendente.

2. Dichiarazioni d'Amore Precoci: Il narcisista potrebbe dichiarare il suo amore e la sua intenzione di passare il resto della vita con te in una fase molto iniziale della relazione, prima che tu abbia avuto il tempo di conoscerli veramente.

3. Piani Futuri Veloci: Si possono fare piani per il futuro immediato, come vivere insieme o sposarsi, prima che la relazione abbia avuto il tempo di stabilirsi.

4. Impegno Eccessivo: Il narcisista può fare promesse e impegni eccessivamente profondi e veloci, come condividere finanze o assumere responsabilità molto gravi all'interno della relazione.

5. Pressione per una Risposta Rapida: Potresti sentirti spinto a prendere decisioni importanti in tempi rapidi, con il narcisista che cerca di ottenere il tuo consenso a nuovi sviluppi nella relazione.

6. Sensazione di Essere Speciali: Il narcisista farà spesso sentire all'altra persona che la loro relazione è unica e che lui/lei non ha mai provato nulla del genere prima.

L'obiettivo del narcisista in questa fase è di consolidare il controllo sulla persona coinvolta nella relazione il più rapidamente possibile. Se ti trovi in questa situazione, potresti sentirti inebriata/o dalla passione e dall'entusiasmo iniziale, ma è importante riconoscere che questa accelerazione può comportare rischi. Ad esempio, potresti non avere il tempo di conoscere veramente il tuo partner narcisista, i loro tratti di personalità o le loro intenzioni reali.

Per affrontare questa fase, è essenziale mantenere una sana dose di prudenza e prendersi il tempo necessario per valutare la relazione in modo obiettivo. Non farti coinvolgere troppo rapidamente e mettere in discussione i motivi dietro la fretta del narcisista può aiutare a proteggere la tua salute emotiva e prendere decisioni più ponderate riguardo alla relazione.

Condivisione di Sogni Futuri: L'Inganno delle Promesse: Il narcisista parla spesso di un futuro insieme, facendo progetti e creando un'immagine di una vita felice e appagante insieme a te.

Uno degli aspetti più manipolatori in questa fase di idealizzazione, è la condivisione di sogni futuri. Durante questa fase, si parla spesso di un futuro insieme, facendo progetti e creando un'immagine di una vita felice e appagante insieme a te. Vediamo questi sogni più da vicino:

1. Promesse allettanti: Il narcisista sarà maestro nell'arte di dipingere un futuro allettante. Potrebbe parlare di matrimonio, di figli, di viaggi esotici o di successo professionale con te, tutto in modo da farti credere che la vostra vita insieme sarà incredibile.

2. Idealizzazione dell'Immagine di Coppia: Il narcisista può dipingere un quadro perfetto della vostra coppia, facendoti sentire come se foste destinati a essere insieme e che non ci potrebbe essere nulla di meglio.

3. Sogno a Portata di Mano: L'obiettivo del narcisista è farti credere che tutti questi sogni siano a portata di mano, ma solo se rimani con lui/lei. Ti farà sentire come se la tua felicità dipendesse completamente dalla relazione con lui/lei.

4. L'Inganno dell'Impegno: Il narcisista può sfruttare questa fase per ottenere un maggiore impegno da parte tua. Potresti sentirti in colpa o responsabile del futuro felice che ti è stato promesso e potresti essere spinto a impegnarti sempre di più nella relazione.

5. Futuro Idealizzato vs. Realtà: È importante riconoscere che il narcisista tende a creare un'immagine idealizzata del futuro, ma spesso non è disposto o in grado di mantenerla. Una volta che la fase di idealizzazione svanisce, potresti scoprire che la realtà è molto diversa da ciò che ti era stato promesso. Valuta i fatti no le parole!

È essenziale mantenere una certa dose di scetticismo durante questa fase. Chiediti se le azioni della persona con cui ti frequenti corrispondono alle sue parole e se sta effettivamente facendo progressi concreti verso questi sogni futuri. Non farti trascinare completamente dalla promessa di un futuro perfetto, ma cerca di vedere la relazione in modo realistico.

Elogi e Complimenti Costanti: Ricevi elogi costanti sul tuo aspetto, la tua intelligenza e il tuo valore. Il narcisista sembra essere affascinato da te e ti fa sentire speciale.

Uno degli strumenti più potenti utilizzati durante la fase di idealizzazione di una relazione sono gli elogi e i complimenti costanti. Questi complimenti e adulazioni sono spesso usati per far sentire la persona coinvolta speciale e desiderata. Vediamo un po' come usa i complimenti per manipolarti:

1. L'Adulazione Come Tattica: Il narcisista utilizza gli elogi come una tattica di manipolazione emotiva. Sanno che la maggior parte delle persone gradisce sentirsi apprezzate e speciali, e quindi utilizzano questa conoscenza a loro vantaggio.

2. Flattery: Un'Adulazione esagerata: Il narcisista non si limita a complimentarsi con te in modo occasionale, ma spesso sfoggia un flusso costante di lusinghe e adulazioni. Ti farà sentire come la persona più attraente, intelligente e meritevole che abbiano mai incontrato.

3. Creazione di Dipendenza Emotiva: Gli elogi costanti possono creare una dipendenza emotiva. Ti sentirai sempre più legato/a al narcisista poiché diventi dipendente dalla loro approvazione e conferma della tua autostima. Approfondiremo questo argomento più avanti.

4. Elevazione del Narcisista: Insieme a questi elogi, il narcisista può anche elevare se stesso. Potrebbero raccontarti storie di successo, di quanto siano desiderati da altre persone o di quante opportunità abbiano nella vita. Questo serve a mantenere l'illusione di essere con qualcuno straordinario e che quel qualcuno abbia scelto te.

5. Manipolazione dell'Identità: Gli elogi costanti possono anche influenzare la tua identità e la tua autostima. Inizi a vedere te stesso attraverso gli occhi del narcisista e a definire il tuo valore in base alle loro opinioni.

6. Controllo Emotivo: Gli elogi possono anche essere utilizzati come mezzo di controllo. Quando ti senti costantemente apprezzato, potresti essere più incline a fare ciò che il narcisista vuole e a sottometterti ai suoi desideri.

È importante riconoscere che questi elogi e complimenti sono spesso motivati da un desiderio narcisistico di ottenere il tuo sostegno incondizionato e il tuo coinvolgimento emotivo. La loro costante ricerca di ammirazione può nascondere una fragilità e un bisogno insaziabile di approvazione.

Esploriamo come affrontare la manipolazione e come sviluppare una consapevolezza emotiva che ti permetta di proteggere la tua autostima e il tuo benessere emotivo.

Fase di Svalutazione

La fase di svalutazione è una delle fasi più dolorose e distruttive di una relazione con un narcisista. Dopo l'entusiasmo iniziale della fase di idealizzazione, il narcisista inizia a cambiare il suo comportamento e a mettere in atto una serie di azioni che possono danneggiare profondamente la persona coinvolta. Ecco alcuni dettagli sulla fase di svalutazione:

Critiche Distruttive: Improvvisamente, il narcisista inizia a criticarti in modo costante. Ciò può riguardare aspetti del tuo aspetto, del tuo comportamento o delle tue scelte di vita. Le critiche sono spesso ingiuste e umilianti.

Le critiche distruttive da parte di un narcisista sono uno degli aspetti più dolorosi e dannosi di una relazione con questa persona. Durante la fase di svalutazione, il narcisista inizia a criticarti in modo costante, spesso focalizzandosi su aspetti del tuo aspetto, del tuo comportamento e delle tue scelte di vita. Come si comporta in questa fase:

1. Critiche Ingiuste: Le critiche del narcisista sono spesso ingiuste e esagerate. Potrebbero prendere piccoli difetti o errori insignificanti e trasformarli in gravi problemi. Questo è fatto per far sentire la persona coinvolta costantemente in colpa e inadeguata.

2. Umiliazione: Le critiche possono essere formulate in modi umilianti e sprezzanti. Il narcisista potrebbe usare un tono condiscendente o usare parole taglienti per farti sentire inferiore.

3. Mancanza di Empatia: Il narcisista dimostra una totale mancanza di empatia per i tuoi sentimenti. Non si preoccupa di come le sue parole possano ferirti o far sentire male. L'obiettivo è metterti in una posizione di vulnerabilità.

4. Destabilizzazione Emotiva: Le critiche costanti hanno l'effetto di destabilizzarti emotivamente. Inizi a dubitare di te stesso/a e della tua autostima. Potresti iniziare a pensare che non sei abbastanza bravo/a o che non meriti amore e rispetto.

5. Controllo: Il narcisista usa le critiche come un mezzo per esercitare controllo sulla tua vita e sulle tue decisioni. Fanno pressioni su di te per farti agire come vogliono, sminuendo le tue opinioni e le tue scelte.

6. Isolamento: Le critiche possono anche essere parte di un processo più ampio di isolamento sociale. Il narcisista potrebbe cercare di separarti dagli amici e dalla famiglia, in modo che tu dipenda sempre di più dalla loro approvazione e consiglio.

È essenziale riconoscere che queste critiche non riflettono la tua vera valutazione come persona. Sono strumenti di manipolazione utilizzati per mantenerti sotto controllo e per alimentare il loro bisogno di potere e superiorità.

Disinteresse e Indifferenza: Il narcisista sembra perdere interesse per te e per la relazione. Potrebbe ignorarti o mostrare apatia nei tuoi confronti, come se non fossi più importante.

Il disinteresse e l'indifferenza da parte di un narcisista sono tra le esperienze più dolorose in una relazione con questa persona. Questi comportamenti emergono nella fase di svalutazione, in cui il narcisista sembra perdere interesse per te e per la relazione. Può sembrare come se non fossi più importante o addirittura invisibile. Vediamo come si comporta il Narcisista e come la vittima reagisce al loro comportamento

1. Cambiamento Radicale: Il passaggio dal corteggiamento e dall'idealizzazione all'indifferenza può essere traumatico. È come se il narcisista fosse diventato una persona completamente diversa da quella che hai conosciuto all'inizio della relazione.

2. Ignoranza: Il narcisista potrebbe ignorarti deliberatamente. Non risponde ai tuoi messaggi, alle tue chiamate o alle tue richieste di attenzione. Questa forma di isolamento può farti sentire invisibile e insignificante.

3. Apatia: Anche quando il narcisista ti rivolge la parola, potresti notare un'apatia e un distacco emotivo. Non sembrano più interessati alle tue esperienze o ai tuoi sentimenti. Puoi sentirli emotivamente distanti e freddi.

4. Manipolazione Passivo-Aggressiva: Il narcisista può utilizzare la manipolazione passivo-aggressiva per farti sentire colpevole o indesiderato/a. Possono fare commenti sottili, sarcasmo o comportamenti che ti fanno sentire come se fossi l'unico/a responsabile dei problemi nella relazione.

5. Effetto sul tuo Benessere Emotivo: Questo disinteresse e indifferenza possono avere un impatto devastante sul tuo benessere emotivo. Puoi iniziare a dubitare del tuo valore e a chiederti cosa hai fatto di sbagliato per meritarti questo trattamento.

6. Il Ciclo della Svalutazione: Questo comportamento può essere parte del ciclo della svalutazione. Il narcisista alterna tra momenti di attenzione e momenti di indifferenza, creando una confusione emotiva che ti fa sentire come se stessi camminando su una corda tesa.

Riconoscere il disinteresse e l'indifferenza da parte del narcisista è un passo importante per comprendere la natura tossica della relazione e per proteggere il tuo benessere emotivo. Nel corso del libro, esploreremo come affrontare questa fase e come sviluppare la forza e la resilienza necessarie per uscire da una relazione con un narcisista e costruire una vita più sana e appagante.

Come affrontare la transizione dalla fase di idealizzazione a quella di svalutazione e come proteggerti dalla manipolazione emotiva.

Una delle caratteristiche più complesse e dolorose delle relazioni con un narcisista è la transizione dalla fase di idealizzazione a quella di svalutazione. Queste fasi possono ripetersi più volte nel corso della relazione, creando confusione e disorientamento nel partner. In questo capitolo, esploreremo come affrontare questa transizione e come proteggerti dalla manipolazione emotiva del narcisista.

Fase di Idealizzazione

Nella fase di idealizzazione, il narcisista sembra il partner perfetto. Sono estremamente affettuosi, premurosi e attenti alle tue esigenze, spesso superando le tue aspettative. Questo atteggiamento può essere irresistibile e può portarti a credere che hai finalmente trovato la persona giusta.

Tuttavia, questa fase è spesso basata su un'immagine distorta del narcisista, creata per attirarti e farti sentire speciali. È importante riconoscere che il narcisista idealizza il partner non perché lo ami veramente, ma perché vuole ottenere l'ammirazione e il controllo su di te.

Fase di Svalutazione

La fase di svalutazione è quella in cui il narcisista inizia a criticarti in modo costante. Ciò può riguardare aspetti del tuo aspetto, del tuo comportamento o delle tue scelte di vita. Le critiche sono spesso ingiuste e umilianti. Il narcisista può anche iniziare a mostrare disinteresse per te e per la relazione, come se non fossi più importante.

Affrontare la Transizione

- **Riconosci i Segnali:** Il primo passo per affrontare questa transizione è riconoscere i segnali. Presta attenzione ai cambiamenti nel comportamento del tuo partner e ai commenti critici o denigratori. Riconoscere la transizione è fondamentale per non farti cogliere alla sprovvista.

- **Mantieni l'Autostima:** Ricorda che le critiche del narcisista non riflettono la tua vera autostima. Cerca di mantenere una buona immagine di te stesso e non lasciare che le parole del narcisista minino la tua fiducia.

- **Comunicazione Aperta:** Cerca di comunicare apertamente con il tuo partner quando noti cambiamenti nel suo comportamento. Spesso, i narcisisti evitano la comunicazione aperta, ma il tentativo di esprimere i tuoi sentimenti può essere importante per stabilire confini sani.

Proteggersi dalla Manipolazione Emotiva

La manipolazione emotiva è una delle tattiche preferite del narcisista per ottenere ciò che vuole. Ecco alcuni modi per proteggerti:

- **Riconosci la Manipolazione:** Impara a riconoscere quando il tuo partner sta cercando di manipolarti emotivamente. Questo può includere minacce di abbandono, comportamenti passivo-aggressivi o giochi mentali.

- **Mantieni l'Indipendenza:** Cerca di mantenere la tua indipendenza emotiva e la tua vita al di fuori della relazione. Questo ti darà una base solida sulla quale contare quando affronti la manipolazione.

- **Cerca Supporto:** Parla con amici, familiari o un terapeuta di quanto sta accadendo nella tua relazione. Avere una rete di supporto può aiutarti a vedere le dinamiche in gioco in modo più chiaro.

- **Impara a Dire No:** Non avere paura di dire no alle richieste irragionevoli o dannose del narcisista. Impara a stabilire confini sani e a difendere i tuoi bisogni e desideri.

- **Considera il Distacco:** Se la manipolazione emotiva continua nonostante i tuoi sforzi, potresti dover considerare seriamente il distacco dalla relazione per proteggere la tua salute mentale ed emotiva.

Affrontare la transizione dalla fase di idealizzazione a quella di svalutazione può essere difficile, ma è un passo cruciale per proteggerti dalla manipolazione emotiva del narcisista.
Ricorda che hai il diritto di essere rispettato e amato in modo sano. Non dovresti mai accettare un trattamento dannoso da parte del tuo partner.

Manipolazione Emotiva: Inizia a utilizzare la manipolazione emotiva per ottenere ciò che vuole. Questo potrebbe includere minacce di abbandono, comportamenti passivo-aggressivi o giochi mentali per destabilizzarti.

La manipolazione emotiva è una delle armi preferite del narcisista durante la fase di svalutazione di una relazione. In questo periodo, il narcisista cerca di ottenere ciò che vuole attraverso una serie di tattiche che mirano a destabilizzarti emotivamente e a esercitare un controllo psicologico su di te. Ecco alcune considerazioni sull'argomento:

1. Minacce di Abbandono: Il narcisista potrebbe minacciare di lasciarti o di interrompere la relazione. Questa minaccia è utilizzata per generare ansia e paura nell'altra persona, spingendola a fare ciò che il narcisista desidera.

47

2. Comportamenti Passivo-Aggressivi: Il narcisista può manifestare comportamenti passivo-aggressivi, come il silenzio radio o il rifiuto di comunicare in modo aperto. Questo comportamento è progettato per farti sentire confuso/a e colpevole.

3. Gioco Mentale: Il narcisista può impegnarsi in giochi mentali, come il "triangolo amoroso" in cui ti fa sentire in competizione con un'altra persona, anche se in alcuni casi questa competizione esiste solo nella sua mente, in altri casi il narcisista ha più relazioni e fa in modo che tu abbia dei dubbi sulla sua fedeltà. Questi giochi sono finalizzati a farti dubitare delle tue intuizioni e a creare tensioni nella relazione.

4. Critiche Dannose: La critica costante e dannosa può essere una forma di manipolazione emotiva. Il narcisista cerca di abbassare la tua autostima e di farti sentire inadeguato/a in modo che tu cerchi costantemente la sua approvazione.

5. Isolamento: Il narcisista può cercare di isolarti dagli amici e dalla famiglia, in modo che tu dipenda sempre di più dalla sua approvazione e controllo. Questo è un modo per aumentare la tua vulnerabilità e dipendenza emotiva.

6. Gaslighting: Il gaslighting è una forma di manipolazione in cui il narcisista nega la realtà o fa sembrare che tu sia pazzo/a per le tue percezioni. Questo può farti dubitare della tua stessa sanità mentale e dei tuoi ricordi.

Affrontare la Manipolazione Emotiva

Il narcisista è spesso esperto nell'utilizzare la manipolazione emotiva per ottenere ciò che vuole. Questa manipolazione può assumere varie forme, tra cui minacce di abbandono, comportamenti passivo-aggressivi, colpevolizzazione e giochi mentali. Affrontare questa manipolazione richiede forza, consapevolezza e resilienza.

- **Riconosci la Manipolazione:** Il primo passo per affrontare la manipolazione emotiva è riconoscerla. Impara a identificare quando il narcisista sta cercando di manipolarti attraverso tattiche emotive.

- **Mantieni l'Indipendenza Emotiva:** Cerca di mantenere la tua indipendenza emotiva e il controllo sulle tue emozioni. Non permettere al narcisista di destabilizzarti o controllarti attraverso la manipolazione.

- **Cerca Supporto:** Parla con amici, familiari o un terapeuta di quanto sta accadendo nella tua relazione. Avere una rete di supporto è fondamentale per affrontare la manipolazione emotiva e ottenere il sostegno di cui hai bisogno.

- **Impara a Dire No:** Non avere paura di dire no alle richieste irragionevoli o dannose del narcisista. Impara a stabilire confini sani e a difendere i tuoi bisogni e desideri.

- **Considera il Distacco:** Se la manipolazione emotiva continua nonostante i tuoi sforzi, potresti dover considerare seriamente il distacco dalla relazione. Il distacco può essere una scelta difficile, ma a volte è l'unico modo per proteggere la tua salute mentale ed emotiva.

Sviluppare Forza e Resilienza

Per uscire da una relazione tossica con un narcisista e costruire una vita più sana e appagante, è necessario sviluppare forza e resilienza:

- **Auto-Cura:** Dedica tempo a te stesso per prenderti cura del tuo corpo e della tua mente. La cura personale è essenziale per mantenere la forza emotiva.

- **Affronta le Emozioni:** Non reprimere le tue emozioni, ma affrontale in modo sano. Parla con un professionista se hai bisogno di supporto per elaborare le tue emozioni.

- **Impara dagli Errori:** Rifletti sulla tua relazione con il narcisista e impara dagli errori. Questa consapevolezza ti aiuterà a evitare relazioni simili in futuro.

- **Cerca Passioni e Interessi:** Scopri le tue passioni e interessi personali. Questi possono diventare fonti di gioia e realizzazione nella tua nuova vita.

- **Ricorda il Tuo Valore:** Ricorda costantemente il tuo valore e la tua dignità. Non permettere al narcisista di ridurre la tua autostima.

Affrontare la manipolazione emotiva del narcisista richiede tempo e sforzo, ma con determinazione e supporto, puoi sviluppare la forza e la resilienza necessarie per uscire da una relazione tossica. Ricorda che meriti una vita sana e appagante, e puoi costruirla anche dopo aver affrontato le sfide di una relazione con un narcisista.

Fase di scarto

La fase di scarto, nota anche come "discard" in inglese, è una delle fasi tipiche di una relazione con un narcisista. Questa fase segue solitamente la fase di devalorizzazione (o svalutazione) e rappresenta il momento in cui il narcisista decide di terminare la relazione o di allontanarsi emotivamente dal partner.

Caratteristiche della Fase di Scarto:

- **Indifferenza o Abbandono:** Durante questa fase, il narcisista può mostrare un repentino cambiamento nel suo comportamento verso il partner. Passa dall'essere affettuoso e coinvolto a diventare indifferente o distante.

- **Disinteresse:** Il narcisista sembra perdere interesse per il partner e la relazione. Potrebbe ignorare le chiamate, evitare il contatto o dimostrare apatia nei confronti del partner.

- **Svalutazione Finale:** In questa fase, il narcisista potrebbe intensificare ulteriormente la svalutazione, criticando e denigrando il partner in modo ancor più brutale.

- **Ricerca di Nuove Fonti di Ammirazione:** Il narcisista può iniziare a cercare nuove fonti di ammirazione e gratificazione narcisistica altrove. Questo può includere nuove relazioni romantiche o amicizie.

- **Abbandono Emotivo:** Anche se la relazione non è ancora ufficialmente terminata, il narcisista ha già compiuto l'abbandono emotivo, rendendo la convivenza sempre più difficile per il partner.

La fase di scarto può essere devastante per il partner della persona narcisista. Può creare confusione, dolore e un senso di abbandono. Tuttavia, è importante riconoscere che, sebbene possa sembrare una fine traumatica, può anche rappresentare un'opportunità per il partner di liberarsi da una relazione tossica e dannosa.

Affrontare la fase di scarto richiede tempo e supporto emotivo. È fondamentale cercare aiuto da amici, familiari o professionisti per elaborare il dolore e per ricostruire la propria vita dopo una relazione con un narcisista.

Capitolo 3: Le conseguenze della manipolazione

Sfide al Tuo Benessere Emotivo

Il narcisista può sfidare il tuo benessere emotivo inducendoti a dubitare di te stesso e a cercare costantemente la sua approvazione.

Le relazioni con un narcisista possono rappresentare sfide significative per il tuo benessere emotivo. Il narcisista cerca spesso di mettere alla prova la tua stabilità emotiva, inducendoti a dubitare di te stesso/a e a cercare costantemente la sua approvazione. Ecco alcune considerazioni sull'argomento:

1. Dubitare di Sé: Il narcisista utilizza spesso la critica costante, la manipolazione emotiva e altre tattiche per farti dubitare di te stesso/a. Puoi iniziare a pensare che non sei abbastanza bravo/a, intelligente o attraente. Questo dubbio di sé può minare la tua autostima.

2. Dipendenza Emotiva: Le relazioni con i narcisisti spesso generano dipendenza emotiva. Cerchi costantemente la loro approvazione e il loro affetto per compensare il dubbio e l'insicurezza che provocano. Questo crea un ciclo di dipendenza che è difficile da rompere.

Comprendo quanto possa essere difficile affrontare la dipendenza emotiva da un narcisista, ma è importante ricordare che ci sono vie d'uscita e speranza. Il primo passo è diventare consapevoli di questa dipendenza e dei danni che può causare al tuo benessere emotivo. Non sei solo/a in questo percorso, e ci sono risorse e persone disposte ad aiutarti.

Cercare sostegno da amici fidati o da un professionista della salute mentale può essere un passo fondamentale per iniziare a rompere questo ciclo. Parlarne con qualcuno che ti comprende può offrire un supporto prezioso e aprire la strada alla guarigione.

Ricorda, la dipendenza emotiva può essere superata, e puoi riconquistare il controllo sulla tua vita emotiva. Prenditi cura di te stesso/a, cerca l'aiuto di cui hai bisogno e fai piccoli passi verso una vita più sana e appagante. Hai il diritto di essere felice e di vivere una relazione che ti rispetti e ti valorizzi come persona.

3. Stress Emotivo Costante: Vivere con un narcisista può causare uno stress emotivo costante. Non sai mai cosa aspettarti dalla loro prossima reazione o comportamento. Questa costante incertezza può mettere a dura prova il tuo benessere emotivo.

La tua salute mentale e il tuo benessere sono preziosi, e meritano la tua attenzione e cura. Ecco alcune raccomandazioni su come affrontare lo stress emotivo causato da una relazione con un narcisista:

Cerca Supporto: Non affrontare questa situazione da solo/a. Parla con amici fidati o familiari di ciò che stai vivendo. Condividere le tue esperienze può alleviare il peso emotivo.

Considera il Supporto Professionale: Un consulente o terapeuta esperto in abusi emotivi può offrire un sostegno prezioso. Questi professionisti possono aiutarti a sviluppare strategie per affrontare lo stress e prendere decisioni informate sulla tua relazione.

Pratica l'Autocura: Dedica del tempo a te stesso/a ogni giorno. La meditazione, lo yoga, l'esercizio fisico e la lettura di libri che ti ispirano possono aiutarti a mantenere un equilibrio emotivo.

Impara a Stabilire Limiti: Impara a stabilire confini sani nella tua relazione. Riconosci i tuoi diritti e la tua dignità, e non permettere che il narcisista oltrepassi questi limiti.

Fai Piani per il Futuro: Immagina la tua vita al di fuori di questa relazione. Fissa obiettivi e piani per il futuro in modo da avere qualcosa a cui guardare con speranza.

Ricorda che Meriti il Benessere: Non dimenticare mai che meriti una relazione che ti rispetti e ti faccia sentire amato/a e apprezzato/a per chi sei.

Affrontare lo stress emotivo da una relazione con un narcisista richiede tempo e sostegno, ma è possibile superarlo. Scegli di prenderti cura di te stesso/a e di perseguire una vita più sana e appagante. La tua felicità e il tuo benessere sono la priorità.

4. Difficoltà nella Comunicazione: Il narcisista spesso evita la comunicazione aperta e onesta. Questo può rendere difficile esprimere i tuoi bisogni, le tue preoccupazioni o le tue emozioni, contribuendo così a una maggiore frustrazione e stress.

Può essere veramente difficile affrontare la comunicazione con un narcisista, poiché spesso evitano la comunicazione aperta e onesta. Questo comportamento può creare una serie di sfide emotive e relazionali. Vorrei condividere con te ulteriori dettagli su come il narcisista solitamente evita le discussioni e alcune raccomandazioni su come affrontare questa situazione.

Uno dei modi più comuni in cui il narcisista evita le discussioni è attraverso il silenzio totale. Potrebbero semplicemente rifiutarsi di rispondere o ignorare completamente ciò che dici. Questo può lasciarti senza risposte e con una crescente frustrazione.

In alcuni casi possono rispondere alle discussioni in modo aggressivo o minaccioso. Possono urlare, accusare o diventare fisicamente intimidatori per far sì che tu desista dalla conversazione.

Quando sentono che la conversazione sta toccando argomenti scomodi per loro, i narcisisti spesso cercano di cambiare argomento. Possono farlo in modo abile, distraendoti dalla questione principale. Possono cercare di farti sentire in colpa per aver sollevato un problema o per la situazione in generale.

Alcuni narcisisti adottano una strategia di auto-vittimizzazione per evitare le discussioni. Si pongono come vittime, affermando che tu stai cercando di far loro del male o che loro sono le vere vittime della situazione.

Per affrontare questa difficile situazione, è importante:

A. Mantenere la Calma: Cerca di rimanere calmo/a e centrato/a durante le conversazioni. Non lasciare che le tattiche del narcisista ti destabilizzino emotivamente.

B. Stabilire Confini: Fissa confini chiari e comunicali al narcisista. Dì loro che aspetti una comunicazione rispettosa e che non tollererai comportamenti aggressivi o manipolatori.

C. Cerca Supporto: Parla con amici fidati, familiari o un professionista della salute mentale per ottenere supporto emotivo e strategie per affrontare queste situazioni.

D. Considera le Tue Opzioni: Alla fine, valuta se questa relazione è davvero sana per te. Se il narcisista continua a evitare la comunicazione aperta e onesta e non è disposto a fare cambiamenti, potresti dover prendere in considerazione la possibilità di mettere fine alla relazione per il tuo benessere emotivo.

Ricorda che la tua salute mentale e il tuo benessere sono priorità, e hai il diritto di perseguire una relazione che sia basata sulla comunicazione rispettosa e aperta.

5. Manipolazione dell'Identità e Il gaslighting: Il narcisista può cercare di manipolare la tua identità e la tua autostima. Inizi a vedere te stesso attraverso i loro occhi e a definire il tuo valore in base alle loro opinioni.

Il gaslighting

È importante comprendere come il gaslighting si sviluppa in modo che tu possa riconoscerlo e proteggerti. Voglio aiutarti a capire questo processo insidioso e darti gli strumenti per difenderti.

All'inizio, potresti notare delle incongruenze nelle parole o nelle azioni del manipolatore, ma potresti attribuirle a errori innocenti. Questa confusione è il primo segno.

Inizia a fidarti delle tue sensazioni, anche se sembrano piccole.

Presta attenzione quando il manipolatore continua a ripetere le sue versioni dei fatti, nonostante siano contraddittorie o false. Non dubitare della tua memoria o percezione. Scrivi le tue osservazioni se necessario.

Se il manipolatore cerca di isolarti dagli amici e dalla famiglia, prendi nota. Mantenere legami sociali è essenziale per avere persone che possano darti supporto e che ti facciano Non permettere al manipolatore di minare la tua autostima. Ricorda chi sei e i tuoi valori.

Le tue opinioni e i tuoi sentimenti sono importanti.

L'indipendenza emotiva è fondamentale. Cerca di mantenere contatti con amici e familiari. Parla delle tue esperienze con persone di fiducia.Se cominci a dubitare della tua sanità mentale, cerca il sostegno di un professionista della salute mentale. Il manipolatore può far sembrare che tu sia "pazzo," ma non lo sei.Non permettere che il manipolatore ti faccia accettare la sua versione distorta della realtà come verità. Ricordati sempre della tua verità.

Il recupero richiede tempo. Cerca aiuto da terapisti esperti in abuso emotivo e manipolazione. Parla con persone di fiducia. Sappi che puoi ricostruire la tua vita.

Non sei sola in questo. La tua esperienza è valida, e c'è aiuto disponibile per te. La consapevolezza è il primo passo verso la guarigione. Ricorda che sei forte e che puoi superare questa manipolazione.

La triangolazione

Si riferisce a una dinamica relazionale in cui una persona coinvolge un terzo individuo per creare o accentuare la rivalità o la gelosia tra due persone. Questa tattica è spesso utilizzata nelle relazioni disfunzionali, e può essere particolarmente comune nelle relazioni con persone con tratti narcisistici.

Nel contesto di una relazione con un narcisista, la triangolazione può manifestarsi in diverse forme. Ad esempio, il narcisista potrebbe parlare costantemente delle qualità o dei successi di un'altra persona, mettendo in evidenza come questa sia speciale o talentuosa. Questo può farti sentire inadeguata/o o insicura/o.

Un altro esempio potrebbe essere quando il narcisista cerca di creare gelosia facendo intendere che sta ricevendo l'attenzione o l'interesse di qualcun altro. Ciò può far sì che ti sforzi ulteriormente per conquistare la sua approvazione o che ti senta minacciata/o da una presunta "concorrenza".

La triangolazione è una strategia manipolativa che serve a mantenere il controllo e la superiorità del narcisista nella relazione. Può causare molta confusione e turbamento, minando la tua autostima e la tua sicurezza.

Riconoscerla è un passo importante per affrontare una relazione tossica e lavorare verso la guarigione. Imparare a stabilire confini sani e a rafforzare la propria autostima è essenziale per resistere a questa forma di manipolazione.

Il sesso

Il sesso in una relazione con un narcisista può essere un aspetto particolarmente complesso e problematico. Inizialmente, potrebbe sembrare che ci sia una forte passione e un'attrazione intensa, spesso parte della fase di idealizzazione iniziale della relazione. Questa intensa passione può far sentire il partner come se fosse la persona più speciale al mondo, e ciò può essere utilizzato dal narcisista come un mezzo per conquistarne l'attenzione e l'ammirazione.

Il lato oscuro di questa dinamica è che il narcisista può cercare di ottenere ciò che vuole attraverso il controllo sessuale, per esempio potrebbe costringere il partner, attraverso abili strategie manipolatorie, a partecipare ad attività sessuali che non desidera.

Nell'ambito di una relazione con un narcisista, può verificarsi un fenomeno noto come "gaslighting sessuale". Il gaslighting, come abbiamo già visto, è una forma di manipolazione psicologica in cui il narcisista cerca di far sembrare che il partner stia immaginando o fraintendendo eventi, desideri o conversazioni. Nel contesto sessuale, questo può significare che il narcisista instilla nel partner l'idea che determinati desideri o comportamenti siano stati in realtà espressi o desiderati dal partner stesso, ad esempio, potrebbe convincerlo di aver espresso un desiderio o una fantasia sessuale ma in realtà non l'ha mai fatto e successivamente, potrebbe utilizzare questa affermazione per costringerlo a comportamenti sessuali indesiderati, sostenendo che sta semplicemente soddisfacendo i suoi desideri.

Il gaslighting sessuale è dannoso e coercitivo, e può portare il partner a sentirsi confuso, colpevole o impotente. È importante riconoscere questa forma di manipolazione e cercare il supporto necessario per proteggere il proprio benessere emotivo e psicologico.

Quando l'intimità sessuale diventa fonte di umiliazione, disagio o violenza, è un segno che qualcosa non va e che si sta verificando una forma di abuso sessuale o coercizione.

Il sesso dovrebbe sempre essere consensuale, rispettoso e basato sulle volontà e i desideri di entrambi i partner. Se ti trovi in una relazione in cui l'intimità sessuale è diventata fonte di disagio, umiliazione o violenza, è fondamentale cercare il supporto di un consulente, di un terapeuta o di un professionista specializzato in abusi sessuali. La tua sicurezza e il tuo benessere sono prioritari, e ci sono risorse e persone disposte ad aiutarti a superare questa difficile situazione.

Isolamento Sociale

Il narcisista cercherà attivamente di allontanarti dalla tua famiglia, dai tuoi amici e dai colleghi di lavoro, per evitare che tu possa trovare supporto in persone esterne alla relazione ed escludere così che tu possa rivelare il suo vero essere. Per lui/lei è importante mantenere la sua immagine di persona affascinante e carismatica, ma anche generosa e altruista e non permettere che lo vedano per quello che è realmente. L'isolamento può avvenire attraverso minacce, persuasione o manipolazione, La vittima si trova così senza un sistema di supporto esterno su cui fare affidamento.

Minacce:

Il narcisista potrebbe minacciare di lasciarti se non rispetti le sue richieste, e in effetti, in un mondo in cui avesse un minimo di coscienza, questa potrebbe essere un'azione altruistica, credimi! Tuttavia, purtroppo, il narcisista non si comporterà in questo modo. Al contrario, potrebbe aggiungere ulteriori minacce al suo corredo di atteggiamenti scorretti. Ti racconto un esempio di situazione in cui potresti trovarti.

Supponiamo che tu sia invitato/a a una cena di lavoro alla quale il tuo partner narcisista non può prendere parte. Dopo aver espresso il suo disappunto per la tua partecipazione, lui decide di uscire con i suoi amici, quelli di cui hai sentito parlare per il loro stile di vita frivolo e che, onestamente, non ti sono mai piaciuti molto. Tuttavia, questi amici sembrano essere gli strumenti perfetti per perseguire un intento di vendetta nei tuoi confronti. Inoltre, farà tutto il possibile per farti dubitare della sua condotta, che sicuramente non sarà corretta. Per una sorta di sadismo, troverà piacere nel darti delle informazioni relative alla sua serata che non ti faranno piacere, anche se in seguito con tutta probabilità le negherà, dandoti della pazza/o. Rinfaccerà invece il tuo comportamento, mettendo in dubbio la tua di condotta e facendoti sentire in colpa per essere andato/a a una semplice cena di lavoro. Sai cosa accadrà alla prossima occasione in cui vorrai uscire con amici, familiari o colleghi a cui lui non ha dato il suo benestare? Che semplicemente deciderai di non andarci.

È fondamentale comprendere come il narcisista possa cercare di danneggiare la tua reputazione se cerchi di allontanarti dalla relazione. Questi comportamenti manipolativi sono dolorosi e ingiusti, ma è importante che tu ne sia consapevole. Il narcisista potrebbe diffondere dicerie o false accuse su di te tra amici, familiari o colleghi, minando la tua credibilità e integrità.

Inoltre, potrebbe criticarti costantemente, facendoti apparire come se tu fossi una persona difficile o problematica. Questo può mettere in discussione la percezione che gli altri hanno di te. Il narcisista potrebbe anche cercare attivamente di sabotare la tua vita sociale o professionale, cancellando appuntamenti o interferendo con le tue opportunità lavorative. Manipolerà le relazioni intorno a te, cercando di mettere amici o familiari contro di te o di isolarti ulteriormente. Usare dettagli personali confidenziali o situazioni passate contro di te è un altro metodo che il narcisista può utilizzare per danneggiare la tua reputazione.

Le minacce di divulgazione di segreti o informazioni imbarazzanti sono comuni, costringendoti a obbedire alle sue richieste o a rimanere nella relazione per paura di essere esposto. Questi comportamenti sono parte del ciclo di abuso emotivo perpetuato dai narcisisti e possono causare gravi danni alla tua reputazione e al tuo benessere emotivo. È essenziale che tu riconosca queste tattiche manipolative e cerchi il supporto necessario per proteggere te stesso. Ricorda che non sei solo/a in questa situazione e che ci sono risorse e persone disposte ad aiutarti a superare questa difficile fase.

Persuasione:

È importante capire come il narcisista possa gradualmente isolarti, spesso iniziando con richieste che sembrano ragionevoli. Potrebbe suggerirti di ridurre i contatti con gli amici, dicendo che desidera trascorrere più tempo insieme. Questo può sembrare un gesto d'affetto, ma in realtà è il primo passo per isolarti dai tuoi sostegni sociali. È una strategia subdola che può renderti sempre più dipendente da loro.

Mentre questi cambiamenti possono sembrare insignificanti all'inizio, con il tempo possono portare a un isolamento completo, facendoti sentire sola/o e dipendente dalla relazione. È importante riconoscere queste dinamiche ed mantenere i rapporti con le persone a te vicine. Chi ti ama non ti allontana dai tuoi affetti.

Manipolazione:

Il narcisista ha la capacità di manipolare, facendoti dubitare delle intenzioni e delle motivazioni dei tuoi amici e familiari. Questo può generare molta confusione e portarti a sentirti sempre più distante dalle persone che dovrebbero essere fonte di supporto. È fondamentale comprendere che questa manipolazione è parte del loro modus operandi.

Quando inizierai a dubitare delle persone che ti circondano, ricorda che il narcisista sta cercando di isolarti, rendendoti sempre più dipendente da lui. È essenziale preservare le tue relazioni con chi ti ama sinceramente. Parla con amici e familiari fidati, cercando il loro sostegno e consulenza. Questo può aiutarti a vedere chiaramente e a mantenere connessioni significative al di fuori della relazione tossica. La manipolazione non deve prevalere; hai il potere di ricostruire i tuoi legami e riprendere il controllo della tua vita.

Quando il narcisista ha una posizione economica favorevole, utilizza spesso il denaro come uno strumento di controllo nell'ambito della relazione. Questo comportamento può manifestarsi in diversi modi:

Il narcisista può darti regali costosi, che all'apparenza sembrano generosi, ma in realtà vengono utilizzati come leva per controllarti. Ad esempio, potrebbero dirti che hai bisogno di "ricambiare" il loro affetto in un certo modo o che ora sei in debito con loro.

Possono cercare di influenzare le tue decisioni finanziarie, costringendoti a fare investimenti o spese che preferiresti non fare. Questo può mettere a repentaglio la tua stabilità economica e la tua indipendenza.

Potrebbero tenere il controllo su conti bancari condivisi o su risorse finanziarie, impedendoti l'accesso ai tuoi stessi soldi. Questo ti rende dipendente economicamente da loro.

Il narcisista potrebbe minacciare di toglierti il supporto finanziario o l'accesso ai beni materiali se non segui le loro richieste o se cerchi di allontanarti dalla relazione.

Possono cercare di dimostrare costantemente di essere più ricchi o di avere uno status superiore rispetto a te, cercando di minare la tua autostima e indurti a dipendere da loro per raggiungere un certo livello di "successo".

Ricorda che il narcisista riesce presentare una visione distorta della realtà, facendo sembrare che il mondo esterno sia pericoloso o dannoso, mentre solo lui/lei può offrire protezione e sicurezza.

Questi sono solo alcuni esempi di come il narcisista può utilizzare minacce, persuasione e manipolazione per isolare il partner. È importante riconoscere queste dinamiche manipolative e cercare il supporto necessario per rompere il ciclo di abuso.

Le conseguenze della manipolazione

So che hai passato attraverso un inferno a causa della manipolazione emotiva e psicologica, e voglio che tu sappia che non sei sola in questo. È importante che tu riconosca le conseguenze che questa esperienza ha avuto o avrà su di te se non interrompi il ciclo, ma anche capire che puoi superarle e iniziare un percorso di guarigione.

Il danno all'Autostima: La manipolazione ha messo a dura prova la tua autostima e la fiducia in te stessa. Ti sei spesso sentita inadeguata e indegna di amore e rispetto. Ma ricorda, sei una persona valida e degna di amore proprio come sei.

Ansia: Ti sei trovata costantemente preoccupata e nervosa, cercando di prevedere e prevenire i comportamenti manipolativi. È normale sentirsi ansiosi dopo un'esperienza del genere.

Depressione: Hai vissuto momenti di profonda tristezza e isolamento, situazioni in cui ti sentivi impotente e sola. La depressione può essere una risposta comprensibile a queste esperienze.

Confusione e Dubbio: È naturale sentire confusione e dubbi sulla tua percezione della realtà a causa della manipolazione. Hai iniziato a chiederti se stavi perdendo la tua sanità mentale, ma ti assicuro che non lo stai facendo.

Crisi di Identità: La manipolazione ha messo in discussione chi sei e cosa credi. Tuttavia, ora hai l'opportunità di esplorare te stessa e i tuoi valori in modo autentico.

Disfunzioni Psicosomatiche: Gli stress emotivi causati dalla manipolazione possono manifestarsi fisicamente sotto forma di mal di testa, disturbi gastrointestinali e altri sintomi. Cerca cure mediche se necessario.

Ira e Rabbia Repressa: Hai accumulato molta rabbia e frustrazione, ma per paura delle conseguenze non hai potuto esprimerla. La tua rabbia è valida, e ci sono modi sani per affrontarla.

Difficoltà nelle Relazioni Future: Le esperienze passate possono influenzare le tue relazioni future, ma con il tempo e il supporto adeguato, puoi imparare a fidarti nuovamente.

Danno alla Salute Fisica: Lo stress cronico ha avuto un impatto sulla tua salute fisica. Cerca cure mediche per affrontare questi sintomi.

Sappi che ci sono risorse e supporto disponibili per aiutarti a superare queste conseguenze. Non sei sola, e la tua guarigione è possibile. Cerca il sostegno di amici, familiari o professionisti della salute mentale. La strada verso la guarigione può essere difficile, ma con il tempo e l'impegno, puoi riacquistare il controllo sulla tua vita e il benessere emotivo.

Non è come un lutto, quello è un dolore troppo grande, come un proiettile che ti colpisce il torace e ti fa un foro nello stomaco, passa il tempo, ci si allontana dal trauma e tutto torna ad uno stato di quiete, il dolore è passato, quello che resta è la nostalgia. Questo è diverso, è l'equivalente di tanti piccoli tagli inferti ogni giorno, da ritrovarti il corpo ricoperto di ferite, senti il dolore, ma si rimarginano in fretta e lasciano cheloidi così spesse che diventano una corazza. È in quel momento che capisci che non può più farti del male

Ho trovato questo pensiero tra i miei appunti, lo scrissi quando ancora stavo con N. Nel rileggerlo dopo anni, ho provato tenerezza per quella donna che stava ritrovando se stessa.

Effetti a Lungo Termine

È importante riconoscere il significativo impatto a lungo termine che le relazioni con i narcisisti possono avere sulla tua salute mentale ed emotiva. Queste relazioni, caratterizzate da stress cronico e danni emotivi, possono portare a una serie di problemi psicologici, tra cui ansia, depressione e altri disturbi. Vorrei condividere ulteriori dettagli su questi effetti e offrire alcune raccomandazioni su come affrontarli:

Ansia: Abbiamo già parlato di ansia nel paragrafo precedente, questa è una risposta comune allo stress cronico derivante da una relazione con un narcisista. Ti ritrovi a vivere in costante tensione, per le preoccupazioni riguardo a cosa farà o dirà oppure per le sue sparizioni improvvise.

Depressione: La depressione può svilupparsi a seguito dell'isolamento emotivo, della perdita di autostima e della sensazione di impotenza che spesso caratterizzano queste relazioni. La persistente tristezza e la mancanza di interesse per le attività quotidiane sono segni tipici.

Disturbi dell'Autostima: Le critiche costanti e la manipolazione emotiva del narcisista possono erodere l'autostima. Puoi iniziare a vedere te stesso/a come senza valore o inadeguato/a. Una bassa autostima è alla base di disturbi più gravi e difficili da superare.

Trauma Emotivo: Le relazioni con i narcisisti possono causare un trauma emotivo profondo, che può avere un impatto duraturo sulla tua salute mentale ed emotiva. Questo trauma può manifestarsi attraverso ricordi vividi e disturbanti delle esperienze passate con il narcisista, noti come "flashbacks". Potresti anche sperimentare incubi legati all'abuso o alla relazione tossica, che possono suscitare ansia e paura. Inoltre, è comune sviluppare un alto livello di ipervigilanza, il che significa che sei costantemente attenta/o a possibili pericoli, tutto questo anche quando non sei più nella relazione con il narcisista. Questo costante stato di allerta può essere estremamente stressante.

Dipendenza Emotiva Persistente: È fondamentale capire che la dipendenza emotiva può persistere anche dopo la fine di una relazione con un narcisista. Questo significa che potresti ancora sentire un forte attaccamento emotivo al narcisista, nonostante l'abuso subito. Questa dipendenza emotiva può causare ulteriori problemi emotivi e relazionali. Dopo la fine della relazione, potresti provare una sensazione di vuoto o un senso di perdita, e questo può portarti a desiderare il suo ritorno, anche se sai che la relazione era tossica. Puoi ritrovarti a lottare con la solitudine, l'ansia e la depressione a causa della dipendenza emotiva persistente.

Difficoltà nelle Relazioni Future: le esperienze negative in una relazione con un narcisista possono avere un impatto duraturo anche sulle relazioni future. Potresti diventare più cauto/a nell'aprire il tuo cuore o mostrare la tua vulnerabilità a potenziali partner. Questo avviene spesso perché hai sperimentato abuso emotivo e manipolazione, il che ti ha reso più consapevole dei segnali di allarme in una relazione. Potresti essere più suscettibile a cercare segni di narcisismo o abuso in nuove relazioni, il che può essere positivo per proteggerti, ma potrebbe anche portarti a essere eccessivamente diffidente o chiuso/a emotivamente. Questo può rendere difficile sviluppare relazioni sane e appaganti in futuro.

Per affrontare questi effetti a lungo termine e iniziare il processo di guarigione, considera quanto segue:

A. Cura di Te Stesso/a: Dedica tempo all'autocura. Esercizio fisico, meditazione, terapia e pratiche di rilassamento possono aiutarti a gestire l'ansia e la depressione.

B. Supporto Psicologico: Considera di consultare un professionista della salute mentale esperto in abusi emotivi o disturbi legati al trauma. La terapia può aiutarti a elaborare le tue esperienze e sviluppare strategie di coping.

C. Supporto Sociale: Parla con amici fidati o familiari. L'isolamento può peggiorare la situazione, quindi cerca connessioni con persone che ti comprendono.

D. Educazione: Informarsi sul narcisismo e sugli effetti delle relazioni con i narcisisti può aiutarti a comprendere meglio la tua situazione e a sentirsi meno soli/a.

Ricorda che la guarigione richiede tempo e sforzo, ma è possibile. La tua salute mentale ed emotiva è preziosa, e meritata di essere curata. Non esitare a cercare supporto e prenderti cura di te stesso/a mentre lavori verso una vita più sana e appagante.

Riconoscere queste sfide è fondamentale per proteggere il tuo benessere emotivo e cercare una via d'uscita da una relazione tossica con un narcisista. Nel corso del libro, esploreremo strategie per affrontare queste sfide e come trovare la forza e la resilienza per costruire una vita più sana e appagante al di fuori di una relazione dannosa.

Ho attraversato ogni singola fase riguardante la manipolazione e ne ho subito le conseguenze. Ho provato ogni singola sensazione, ho avuto incubi, ansia e la mia autostima ha toccato il fondo.
È stato un viaggio attraverso l'inferno emotivo, ma quello che mi ha salvato è stato l'amore per me stessa e il desiderio inflessibile di uscirne. Ho visto il mio coraggio nel cercare di capire cosa stesse succedendo. Ero consapevole che si

trattava di una relazione tossica, ma c'era ancora tanto da scoprire sul narcisismo.
Quelle ricerche, quel desiderio di comprensione, sono stati la mia ancora di salvezza. E anche se il viaggio è stato duro e spesso doloroso, mi ha portato verso la serenità. La mia storia è una testimonianza della forza dell'essere umano, del potere della conoscenza, della resilienza e dell'amore per se stessi. Continuo a crescere, a guarire ancora oggi, ma oggi sono pronta a condividere la mia esperienza con gli altri.
Se riuscirò ad aiutare anche solo una vittima del narcisismo tutto quello che ho vissuto avrà avuto un senso.

La Dipendenza affettiva

La dipendenza affettiva è un'esperienza emotiva complessa che coinvolge una forte necessità di connessione e affetto da parte di un individuo in una relazione. Può manifestarsi in diverse forme e con vari livelli di intensità, ma in generale, è caratterizzata da una ricerca costante di amore, approvazione e attenzione da parte del partner.

Le persone affette da dipendenza affettiva spesso si sentono incomplete o insicure senza l'approvazione della persona con cui stanno, hanno paura dell'abbandono e fanno di tutto per evitare che ciò accada. Questa paura può portarle a sacrificare il proprio benessere e i propri bisogni per mantenere la relazione, anche se essa è tossica o dannosa.

La dipendenza affettiva può avere radici profonde, spesso legate a esperienze passate di abbandono, trascuratezza o instabilità emotiva. Queste esperienze possono creare una vulnerabilità che porta le persone a cercare disperatamente l'amore e l'approvazione del proprio partner per colmare quel vuoto interiore.

Affrontare la dipendenza affettiva richiede una profonda auto-riflessione e un impegno a lavorare su se stessi. È importante imparare a costruire una sana autostima, a rafforzare il proprio senso di identità e a sviluppare relazioni basate sulla reciprocità, il rispetto e la comprensione.

La terapia può essere un'utile risorsa per coloro che lottano con questo problema e un terapeuta può aiutare a esplorare le radici profonde di questa dipendenza, sviluppare strategie per affrontarla e imparare a costruire relazioni più sane e appaganti.

La chiave per superarla è riscoprire il proprio valore e la propria forza interiore. Imparare a essere felici e completi da soli, senza dipendere dall'approvazione degli altri, è un passo importante verso la guarigione e il benessere emotivo.

La dipendenza affettiva è un percorso complesso, un'ombra che ha segnato gran parte della mia vita. In passato, ho vissuto l'ossessione per l'approvazione altrui, la paura dell'abbandono e la necessità continua di cercare l'amore e l'affetto dei miei partner. Questa dipendenza era come una prigione emotiva, una catena che mi teneva legata a relazioni tossiche e dannose.

Tuttavia, il cambiamento è possibile. Ho imparato che la strada per la guarigione inizia con l'accettazione di se stessi. È fondamentale riconoscere la propria dipendenza affettiva e le radici profonde di questa ferita emotiva. Il percorso verso la guarigione richiede coraggio, auto-riflessione e la volontà di guardare dentro di sé.

La terapia è stata un'importante risorsa per me. Attraverso il supporto di un esperto, ho potuto esplorare le esperienze passate che avevano contribuito a creare la mia dipendenza. Ho imparato a costruire una sana autostima, a rafforzare il mio senso di identità e a sviluppare relazioni basate sulla reciprocità, il rispetto e la comprensione.

Uno dei passi più difficili ma anche quello più appagante è stato imparare a essere felice e completa da sola. Ho imparato che la mia felicità non deve dipendere dall'approvazione degli altri, ho scoperto una forza interiore che non sapevo di avere, una capacità di auto-amore che mi ha permesso di rompere le catene della dipendenza.

So che il percorso verso la guarigione è un viaggio continuo e la consapevolezza di se stessi e il lavoro interiore sono diventati una parte fondamentale della mia vita.

Quello che vorrei dire a chi sta lottando con la dipendenza affettiva è che c'è speranza. È possibile superare questo ostacolo, ma richiede impegno, pazienza e amore per se stessi. Inizia con un passo piccolo, con la ricerca di supporto e con l'accettazione di ciò che sei. La guarigione è possibile, e ogni passo in avanti ti avvicina sempre di più alla libertà emotiva e al benessere.

Capitolo 4: L'ego narcisistico

L'ego narcisistico è un complesso modello di comportamento che può radicarsi nelle esperienze e nei traumi infantili. Per capire appieno il suo impatto, è importante esaminare le sue origini e le cause profonde. Spesso, l'ego narcisistico ha le sue radici in una combinazione di fattori ambientali ed esperienze di vita.

Nella sua forma più basilare, l'ego narcisistico è una sorta di corazza emotiva sviluppata per affrontare un mondo che è stato percepito come ostile o poco affidabile. Questa corazza può emergere come un tentativo di auto-preservazione in risposta a esperienze traumatiche o dolorose, specialmente durante l'infanzia. Ad esempio, un bambino che ha vissuto il rifiuto o l'abbandono dai genitori potrebbe sviluppare un ego narcisistico come meccanismo di difesa per mascherare sentimenti di insicurezza o inadeguatezza.

Spesso comporta l'iper-protezione dell'immagine di sé, questa persona tende a mostrarsi come sicura e potente per nascondere fragilità interne, un atteggiamento che può derivare da una mancanza di supporto emotivo durante l'infanzia, portando a una costante ricerca di approvazione esterna.

Le persone con ego narcisistico spesso percepiscono gli altri come una minaccia o come risorse per il proprio benessere. Hanno difficoltà a sviluppare empatia e a costruire relazioni sincere. L'incapacità di vedere il mondo al di fuori della loro prospettiva limita il loro impatto sulle persone intorno a loro, con la sua tendenza a focalizzarsi esclusivamente su se stesso, crea un tunnel emotivo che limita la capacità di comprendere il mondo esterno da una prospettiva diversa. Questa auto-centrazione estrema impedisce loro di vedere le emozioni, i bisogni e le esperienze degli altri come legittimi o rilevanti.

La loro incapacità di mettersi nei panni degli altri è un ostacolo significativo nella costruzione di relazioni significative e sane. Poiché tendono a considerare solo il proprio punto di vista come valido, gli altri possono sentirsi trascurati, non ascoltati o addirittura svalutati. Questo crea una dinamica relazionale disfunzionale in cui il narcisista è il fulcro centrale, mentre gli altri sono destinati a orbitare attorno a lui.

La mancanza di empatia e la difficoltà a vedere il mondo dal punto di vista degli altri possono essere particolarmente dannose. In una relazione, queste persone spesso concentrano l'attenzione solo su ciò che ritengono importante per loro, senza preoccuparsi dei bisogni o delle emozioni del partner. Questo squilibrio nella relazione può causare dolore, frustrazione e conflitti continui.

È importante notare che questa limitazione nell'empatia non è necessariamente un segno di cattiveria. Piuttosto, è una conseguenza dell'ego narcisistico che ha sviluppato difese per nascondere fragilità interne. Il percorso verso la guarigione comporta l'apertura a una maggiore consapevolezza e alla volontà di vedere il mondo al di fuori della propria prospettiva, aprendo così la porta a relazioni più significative e interazioni umane più autentiche. Una delle sfide principali però, è che le persone con un ego narcisistico tendono a non riconoscere il loro problema. La vulnerabilità interiore è nascosta da un comportamento estroverso e sicuro di sé, rendendo difficile il confronto con il proprio bisogno di cambiamento. Inoltre, possono infastidirsi o reagire in modo negativo quando vengono messi di fronte alle loro fragilità.

Tuttavia, è possibile il cambiamento. La terapia può aiutare a esplorare e comprendere le radici dell'ego narcisistico, a promuovere l'auto-consapevolezza e a sviluppare una visione più realistica di sé stessi. La guarigione richiede tempo, ma con un sostegno adeguato, è possibile per queste persone superare le barriere che li separano dagli altri e costruire relazioni più sane.

Mentre esaminiamo l'ego narcisistico, è importante ricordare che dietro queste difese si nasconde spesso un bambino/a ferito che ha sviluppato queste strategie per sopravvivere. Anche se le azioni del narcisista possono danneggiare gli altri, la comprensione e la compassione verso quel bambino/a interiore possono aiutare a promuovere la guarigione e la crescita.

Origini dell'Ego Narcisistico

È fondamentale che tu comprenda come l'ego narcisistico sia stato influenzato dalle esperienze dell'infanzia e dall'ambiente familiare del tuo partner. Spesso, eventi traumatici o una mancanza di empatia e attenzione durante l'infanzia possono portare allo sviluppo di un ego narcisistico. Questo tratto di personalità diventa una sorta di protezione, una corazza per affrontare il dolore e le ferite emotive.

Alcuni individui con un ego narcisistico hanno affrontato traumi o negligenza durante l'infanzia. Questi eventi stressanti, come abusi, separazioni traumatiche o una mancanza di attenzione e amore da parte dei genitori, possono lasciare cicatrici profonde. Il narcisismo può diventare un modo per affrontare il dolore di queste esperienze, creando un'armatura emotiva per proteggere se stesso da ulteriori ferite.

In un ambiente familiare carente di empatia, potrebbe non avere imparato a riconoscere o gestire le sue emozioni in modo sano. Questo può portare ad una crescente incapacità di comprendere e connettersi con le emozioni degli altri, generando a sua volta una mancanza di empatia.

L'ego narcisistico può anche originarsi dalla percezione di bisogni emotivi non soddisfatti durante l'infanzia. Quando i suoi bisogni di amore, attenzione e riconoscimento non vengono colmati, si può sviluppare una profonda insicurezza e la ricerca costante di conferme esterne.

Riconoscere queste influenze dell'infanzia può aiutarti a comprendere meglio il tuo partner e le radici del suo comportamento narcisistico. È importante sottolineare che queste esperienze passate non giustificano comportamenti dannosi, ma possono spiegare perché il tuo partner ha sviluppato questo tratto di personalità. Con comprensione e pazienza, potete intraprendere un percorso di crescita e cambiamento insieme, se lui è disposto a riconoscere e affrontare questi aspetti.

Caratteristiche dell'Ego Narcisistico

L'ego narcisistico è una forma di autostima distorta che influenza il modo in cui una persona vede se stessa e interagisce con il mondo. Ecco alcune delle principali caratteristiche dell'ego narcisistico:

Mancanza di Empatia: Le persone con un forte ego narcisistico spesso hanno difficoltà a comprendere e connettersi con le emozioni e le prospettive degli altri. Sono orientate principalmente verso se stesse.
Esempio: Il tuo partner non sembra in grado di riconoscere quando sei triste o preoccupato e non dimostra compassione o interesse per il tuo stato emotivo.

Auto-Centrismo: Gli individui con un ego narcisistico tendono a essere altamente centrati su se stessi, le loro necessità, desideri e realizzazioni. Vedono il mondo principalmente attraverso la lente del proprio ego.
Esempio: Il tuo partner è sempre il protagonista delle conversazioni, concentrandosi su se stesso, senza dare spazio alle tue esperienze o sentimenti.

Ricerca di Ammirazione: Le persone con un ego narcisistico cercano costantemente l'ammirazione e il riconoscimento dagli altri. Sono affamati di elogi e apprezzamento.
Esempio: Il tuo partner chiede spesso conferme sulla sua bellezza, intelligenza o successo e sembra avere bisogno di essere costantemente lodato.

Competizione Eccessiva: Il narcisista vede la vita come una competizione costante, spesso cercando di dimostrare di essere superiore agli altri in vari aspetti.
Esempio: Il tuo partner cerca costantemente di dimostrare di essere il migliore al lavoro, nell'aspetto fisico o in qualsiasi altra cosa, spesso sfidando gli altri.

Fragilità Nascosta: Nonostante l'apparenza di sicurezza, l'ego narcisistico può nascondere una fragilità interna. Le critiche o i fallimenti possono ferire profondamente il narcisista, anche se cercano di nasconderlo.
Esempio: Il tuo partner reagisce in maniera eccessiva a una critica o a un insuccesso apparentemente insignificante, mostrando una vulnerabilità inaspettata.

Disprezzo per le Critiche: Le persone con un forte ego narcisistico spesso non tollerano le critiche o il dissenso. Reagiscono in modo difensivo o con rabbia.
Esempio: Quando gli fai notare un errore o una critica costruttiva, il tuo partner reagisce in modo aggressivo o si chiude in se stesso.

Senso di Superiorità: Il narcisista crede di essere superiore agli altri in termini di intelligenza, bellezza, talento o status sociale, anche quando queste credenze non sono supportate dalla realtà.
Esempio: Il tuo partner parla costantemente di quanto sia migliore degli altri, anche se non ci sono prove oggettive per confermare queste affermazioni.

Riconoscere queste caratteristiche può aiutare a identificare un ego narcisistico in una persona e comprendere meglio i comportamenti che potrebbero sorgere da questa dinamica di personalità.

La Difficoltà del Cambiamento e della Guarigione nel Narcisismo

Le persone con un forte ego narcisistico spesso trovano difficile riconoscere il problema e cercare aiuto. Questo perché ci sono diverse sfide intrinseche legate al narcisismo e alla sua guarigione:

Mancanza di Consapevolezza: Una delle principali sfide è che molte persone con un forte ego narcisistico mancano di consapevolezza dei loro comportamenti e dell'impatto che hanno sulle persone intorno a loro. Possono percepire se stessi come persone estremamente sicure di sé e riuscite, evitando di vedere il lato oscuro del loro comportamento.

Resistenza al Cambiamento: La resistenza al cambiamento è una caratteristica intrinseca del narcisismo. Poiché il narcisista vede sé stesso come perfetto e potente, ammettere la necessità di cambiare può minare questa immagine idealizzata. Di conseguenza, il narcisista può opporsi al processo di guarigione e rifiutarsi di cercare aiuto.

Vulnerabilità: Riconoscere il proprio narcisismo può far sentire il narcisista vulnerabile e insufficiente, un'esperienza che cerca costantemente di evitare. Questo può portare a un rifiuto di affrontare la realtà e a cercare di proteggere la propria immagine.

Paura della Perdita di Potere: Il narcisista spesso vede il controllo e il potere come essenziali per la sua sopravvivenza. Riconoscere il problema potrebbe significare perdere parte di questo potere, il che può essere spaventoso e minacciante per il narcisista.

Ricerca di Ammirazione: Il narcisista ha un costante bisogno di ammirazione dagli altri. Questo significa che può evitare il confronto con la propria fragilità per paura di perdere l'ammirazione altrui.

Comprensione Limitata: La mancanza di empatia e la capacità limitata di vedere il mondo dal punto di vista degli altri limitano la comprensione del narcisista nei confronti delle sue relazioni e dei danni che causa. Senza questa comprensione, è difficile riconoscere la necessità di cambiamento.

Tuttavia, nonostante queste sfide, il cambiamento è possibile. Spesso richiede un evento significativo o un punto di rottura che costringa il narcisista a confrontarsi con il proprio comportamento dannoso. La terapia può essere un passo importante verso la guarigione, ma è necessario che il narcisista sia disposto a impegnarsi in questo processo.

È fondamentale comprendere che il processo di guarigione richiede tempo e sforzo. È possibile, ma solo se il narcisista è disposto a riconoscere il problema, affrontare la propria vulnerabilità e cercare aiuto.

Capitolo 6: Rompere il Ciclo

Intanto iniziamo questo discorso dicendo che, quando una relazione con un narcisista giunge al termine, i comportamenti del narcisista possono essere complessi e spesso mirano a mantenere il controllo o a danneggiare l'ex partner. Alcuni dei comportamenti comuni includono, in primo luogo, lo **Smear Campaign (Campagna diffamatoria),** in questo caso Il narcisista potrebbe intraprendere una campagna diffamatoria, parlando male dell'ex partner con amici comuni, familiari o conoscenti. Questo ha lo scopo di danneggiare la reputazione dell'ex partner e isolare la persona da un potenziale supporto sociale.

Esatto, hai compreso correttamente. La campagna diffamatoria, o "smear campaign", è una strategia spesso adottata dai narcisisti per danneggiare la reputazione dell'ex partner. Attraverso questa tattica, il narcisista cerca di manipolare la percezione degli altri, diffondendo informazioni false o distorte sulla persona con cui hanno avuto una relazione. Questo può includere racconti distorti degli eventi, insinuazioni malevoli o addirittura la creazione di storie completamente inventate. L'obiettivo principale della campagna diffamatoria è isolare l'ex partner, minando le relazioni sociali e familiari. Inoltre, questa strategia può essere utilizzata per affermare il controllo sulla narrativa della rottura, facendo apparire l'ex partner come la parte colpevole o problematica. È un modo per il narcisista di mantenere il potere e l'influenza anche dopo la fine della relazione.

Per l'ex partner, è essenziale riconoscere questa dinamica e cercare di stabilire confini chiari. Mantenere una rete di supporto solida e comunicare chiaramente con amici e familiari può aiutare a contrastare gli effetti dannosi di una campagna diffamatoria.

Bisogna cercare di centrare un aspetto importante. I narcisisti spesso cercano di riscrivere la storia della relazione per manipolare la percezione degli altri a loro vantaggio. Questo può coinvolgere la distorsione degli eventi, l'omissione di informazioni cruciali o la presentazione di un racconto completamente alterato. L'obiettivo è far apparire l'ex partner come la parte colpevole o problematica, mantenendo così il controllo sulla situazione e sulle percezioni esterne.

Questa manipolazione della storia può essere particolarmente dannosa, in quanto può influenzare il modo in cui amici, familiari e conoscenti vedono la rottura e l'ex partner. Riconoscere questa tattica è cruciale, poiché se ti trovi in una situazione del genere potresti sentirti frustrata/o, incompresa/o o persino isolata/o a causa della narrazione manipolata del narcisista.

Dopo la fine di una relazione, il narcisista potrebbe cercare di provocare una reazione emotiva dall'ex partner attraverso varie tattiche manipolatorie. Questo potrebbe includere messaggi provocatori, insulti, colpevolizzazione o minacce velate.

Il narcisista potrebbe utilizzare queste tattiche con l'obiettivo di mantenere un certo livello di controllo emotivo sulla situazione, anche dopo la rottura. Inoltre, avere delle reazioni per cercare una risposta emotiva dall'ex partner narcisista potrebbe dargli una sensazione di potere e soddisfazione.

Per l'ex partner, è fondamentale riconoscere queste manipolazioni e adottare una strategia di non reazione. Rispondere con calma e distacco può essere la migliore difesa contro tali tentativi di provocazione. Mantenere confini chiari e limitare l'interazione con il narcisista può contribuire a proteggere la propria salute emotiva durante questa fase delicata.

l'utilizzo dei social media da parte dei narcisisti può essere una continuazione della loro strategia di controllo e manipolazione anche dopo la fine della relazione. Potrebbe monitorare costantemente i profili social dell'ex partner, cercando informazioni sulla sua vita, le persone con cui interagisce e le attività che svolge. Possono pubblicare contenuti progettati per far sembrare che la loro presenza sia ancora fondamentale nella vita dell'ex partner. Questo potrebbe includere foto progettate per suscitare invidia o gelosia. Utilizzano i social media per plasmare l'immagine di sé in modo da sembrare desiderabili, di successo o felici, nel tentativo di colpire emotivamente l'ex partner.

Se ti trovi in questa situazione, è importante che tu mantenga una certa distanza online e consideri la possibilità di limitare l'accesso del narcisista ai tuoi profili social, al fine di preservare la tua privacy e proteggere il proprio benessere emotivo. Inoltre, cercare il supporto di amici, familiari o professionisti può essere fondamentale per affrontare questi comportamenti.

In alcuni casi, il narcisista potrebbe tentare di riconquistare l'ex partner, facendo promesse di cambiamento o usando ricatti emotivi per suscitare sentimenti di colpa o pietà.

Suggerimenti e strategie per rompere il ciclo della relazione con un narcisista.

Sappiamo quanto possa essere difficile rompere il ciclo di una relazione con un narcisista, ma è un passo importante per il tuo benessere emotivo. Ecco alcuni suggerimenti e strategie per aiutarti a farlo.

Riconosci l'Abuso:

Il primo passo è riconoscere che stai vivendo una relazione tossica. Accetta che il comportamento del narcisista è dannoso e non è colpa tua.

Riconoscere l'abuso in una relazione con un narcisista è un passo cruciale verso la guarigione e il recupero del tuo benessere emotivo. Spesso, le vittime dei narcisisti possono sentirsi intrappolate, confuse e colpevoli a causa del comportamento distruttivo del partner. È importante comprendere che l'abuso narcisistico è reale e dannoso, ma non è colpa tua. Ecco alcuni punti chiave da tenere a mente:

Non sei sola/o: Molte persone hanno vissuto o stanno vivendo esperienze simili. L'abuso narcisistico è purtroppo comune, e ci sono risorse e supporto disponibili per te.

Nessuno merita l'abuso: Indipendentemente da ciò che il narcisista può dirti, nessuno merita di essere oggetto di abuso emotivo, psicologico o fisico. È importante affermare il tuo valore e il tuo diritto a una relazione sana.

Non puoi cambiare il narcisista: Spesso, le vittime cercano di cambiare il comportamento del narcisista o credono che possano aiutarli. È importante capire che il cambiamento deve partire dal narcisista stesso, e molti di loro non cercano o accettano aiuto.

Cerca supporto: Parla con amici di fiducia, familiari o un professionista della salute mentale. Condividere la tua esperienza può aiutarti a ottenere il supporto di cui hai bisogno e ti farà sentire meno solo/a.

Impara a mettere te stesso/a al primo posto: La tua salute e il tuo benessere sono fondamentali. Impara a prenderti cura di te stesso/a, a stabilire confini sani e a cercare attivamente il supporto necessario per uscire da questa relazione tossica.

Ricorda che riconoscere l'abuso è il primo passo verso una vita più felice e sana. È possibile guarire dalle ferite emotive causate da una relazione con un narcisista, ma richiederà tempo, sostegno e un impegno verso il proprio benessere.

Cerca Supporto:

Parla con amici fidati, familiari o professionisti della salute mentale. Condividere le tue esperienze può offrirti una prospettiva esterna e il supporto necessario.

Cercare supporto è un passo cruciale per affrontare una relazione tossica con un narcisista. Molti individui che si trovano in queste situazioni spesso si sentono isolati, confusi e scoraggiati. Ecco perché cercare il supporto di amici fidati, familiari o professionisti della salute mentale è così importante:

Prospettiva Esterna: Parlando con qualcuno di fiducia, puoi ottenere una prospettiva esterna sulla tua situazione. Le persone vicine a te possono vedere la relazione in modo più obiettivo, e questo può aiutarti a capire meglio cosa sta accadendo.

94

Sostegno Emotivo: Il supporto sociale è essenziale per il tuo benessere emotivo. Amici e familiari possono offrirti sostegno, comprensione e affetto in un momento in cui ne hai tanto bisogno.

Consulenza Professionale: Spesso, le relazioni con i narcisisti possono causare gravi danni emotivi. Rivolgersi a un professionista della salute mentale può essere fondamentale per comprendere meglio la dinamica della relazione, affrontare il trauma emotivo e imparare strategie per costruire relazioni più sane in futuro.

Rafforzamento della Tua Autostima: Il supporto sociale può aiutarti a rafforzare la tua autostima e di conseguenza a capire che meriti una relazione sana e rispettosa. Ti aiuterà a prendere decisioni più consapevoli per il tuo futuro.

Non avere paura di cercare aiuto e di condividere le tue esperienze con chi ti sta vicino.

Impara a Impostare Limiti:

Ritengo che una volta assunta la piena consapevolezza di una relazione tossica, la soluzione ideale è quella di chiuderla, ma possono esserci casi in cui non è semplice uscirne e a quel punto bisogna imparare a tutelare se stessi e la propria salute mentale e fisica. Un consiglio che do è definire i tuoi confini e affermare i tuoi bisogni. Il narcisista potrebbe resistere, ma è importante proteggere la tua salute emotiva.

Imporre dei limiti è fondamentale per proteggere la tua salute emotiva e il tuo benessere in una relazione con un narcisista. Ecco alcune considerazioni importanti:

Riconosci i tuoi limiti: Prima di tutto, devi avere chiari i tuoi limiti personali e ciò che è importante per te in una relazione. Questo può includere i tuoi bisogni emotivi, fisici e psicologici.

Comunica chiaramente: Esprimi in modo chiaro e rispettoso i tuoi limiti al partner narcisista. Usa la comunicazione assertiva per far capire cosa è accettabile e cosa non lo è per te.

Mantieni la coerenza: Una volta stabiliti i limiti, mantienili in modo coerente. Il narcisista potrebbe testare costantemente i tuoi limiti, ma è importante rimanere saldo nelle tue decisioni.

Proteggi il tuo benessere: Imporre limiti non è egoismo, ma una misura necessaria per proteggere te stesso/a. Non devi sacrificare il tuo benessere per mantenere una relazione disfunzionale.

Preparati alle reazioni: Il narcisista potrebbe reagire in modi diversi, tra cui rabbia, manipolazione o critiche. Preparati a queste reazioni, ma mantieni i tuoi limiti.

Cerca supporto: Parla con amici, familiari o un terapeuta per ottenere supporto mentre impari a impostare e mantenere i limiti.

Riconosci quando andartene: In alcuni casi, potresti scoprire che il narcisista non è disposto a rispettare i tuoi limiti e che la relazione è insostenibile. In tal caso, potrebbe essere necessario considerare la possibilità di allontanarti per proteggere il tuo benessere emotivo.

Imporre limiti in una relazione con un narcisista può essere difficile, ma è un passo importante verso la protezione della tua salute emotiva e il ripristino del controllo sulla tua vita.

Trova la Tua Autostima:

Lavora su di te e cerca di costruire la tua autostima. Il narcisista potrebbe averti fatto dubitare di te stesso, ma tu sei una persona preziosa e degna di amore e rispetto.

Ricostruire la tua autostima è un passo fondamentale per riprendere il controllo della tua vita in una relazione con un narcisista. Ecco alcuni consigli per trovare la tua autostima:

Consapevolezza: Inizia con l'auto-riflessione. Cerca di capire come la relazione con il narcisista ha influenzato la tua autostima. Riconosci i momenti in cui hai iniziato a dubitare di te stesso a causa dei loro comportamenti manipolatori.

Parla con uno specialista: Considera di parlare con uno psicologo o uno psicoterapeuta specializzato in relazioni tossiche. Questi professionisti possono aiutarti a esplorare le radici dei tuoi dubbi sulla tua autostima e sviluppare strategie per riprenderla.

Circondati di supporto: Cerca il supporto di amici fidati e familiari che possano riaffermare il tuo valore. Le persone a cui tieni sono lì per te e possono aiutarti a ricostruire la tua autostima.

Esercizio fisico: L'attività fisica regolare può contribuire notevolmente a migliorare l'autostima. L'esercizio rilascia endorfine, che migliorano l'umore e la percezione di sé.

Pratica l'auto-compassione: Sii gentile con te stesso. Il percorso verso la guarigione richiede tempo, e potresti affrontare alti e bassi. Non ti giudicare duramente per eventuali momenti di incertezza o ricadute.

Ricorda i tuoi successi: Fai una lista dei tuoi successi passati e delle sfide che hai superato. Questo ti aiuterà a ricordare che sei una persona forte e in grado di affrontare le sfide.

Cerca passioni e interessi personali: Investi tempo nelle tue passioni e interessi. Realizzare attività che ti appassionano ti farà sentire realizzato/a e migliorerà la tua autostima.

Fissa obiettivi realistici: Imposta obiettivi per te stesso che siano realistici e raggiungibili. Il successo in queste sfide può aumentare la tua autostima.

Pratica l'affermazione positiva: Ogni giorno, sforzati di ripetere a te stesso affermazioni positive sulla tua autostima. Ad esempio, "Sono degno/a di amore e rispetto" o "Sono una persona di valore."

Lascia andare l'autocritica e la perfezione: Non cercare la perfezione. Nessuno è perfetto. Accetta i tuoi errori e i tuoi difetti come parte di ciò che ti rende unico/a.

Ricorda che il percorso per ricostruire la tua autostima richiederà tempo e sforzo. Sii gentile con te stesso/a e cerca il supporto di persone che ti sostengono in questo viaggio di guarigione. Con il tempo, riuscirai a ritrovarla e a vivere una vita più sana e felice.

Pianifica con Cautela:

Quando decidi di troncare la relazione, pianifica con cautela in modo da garantire la tua sicurezza. Questo potrebbe includere la ricerca di un luogo sicuro dove vivere o l'ottenimento di supporto legale se necessario.

Pianificare con cautela è fondamentale quando si decide di lasciare un narcisista. Ecco alcune consigli:

- **Garantisci la tua sicurezza fisica:** Prima di tutto, assicurati che tu e i tuoi cari siate al sicuro. Se hai preoccupazioni per la tua incolumità fisica, cerca un rifugio sicuro, preferibilmente un luogo che il narcisista non conosca.

- **Ricerca un supporto:** Parla con amici fidati o familiari che possano offrire aiuto e sostegno durante la transizione. Potrebbero offrire un posto dove stare temporaneamente o aiutarti con le procedure legali, se necessario.

- **Considera il supporto legale:** In alcune situazioni, potrebbe essere necessario ottenere supporto legale. Questo è particolarmente importante se condividi proprietà, figli o risorse finanziarie con il narcisista. Un avvocato specializzato in diritto familiare può guidarti attraverso le questioni legali.

- **Raccogli prove:** Se pensi che sia necessario, raccogli prove delle azioni o dei comportamenti del narcisista che potrebbero sostenere il tuo caso, specialmente in situazioni legali. Questo potrebbe includere messaggi di testo, e-mail o registrazioni di chiamate.

- **Pianifica la logistica:** Organizza la tua mossa con attenzione. Prepara una lista di cose da fare, come cambiare le serrature, spostare i tuoi effetti personali o annullare le carte di credito condivise. Mantieni queste attività il più riservate possibile.

- **Proteggi i tuoi conti finanziari:** Se hai conti bancari o carte di credito condivise con il narcisista, considera di aprire un tuo conto personale e trasferire i tuoi fondi. Cambia le tue password bancarie e accedi a tutti i documenti finanziari importanti.

- **Mantieni la comunicazione limitata:** Dopo la separazione, riduci al minimo la comunicazione con il narcisista. Limita le interazioni solo a questioni essenziali e cerca di farlo in modo scritto, in modo da avere una registrazione di ciò che è stato detto.

- **Prenditi cura di te:** La decisione di lasciare una relazione tossica può essere stressante. Cerca il supporto di uno psicoterapeuta o uno psicologo per aiutarti ad affrontare i tuoi sentimenti e le sfide emotive.

- **Pianifica il futuro:** Una volta fuori dalla relazione, inizia a pianificare il tuo futuro. Rifletti su ciò che desideri dalla vita e fissa obiettivi per il tuo benessere emotivo e fisico.

Ricorda che pianificare una separazione da un narcisista richiederà tempo, pazienza e determinazione. Cerca il supporto di professionisti, amici fidati e familiari per aiutarti durante questo processo e per garantire la tua sicurezza e il tuo benessere.

Mantieni il Contatto Minimo:

Dopo la rottura, cerca di mantenere il contatto con il narcisista al minimo, se possibile. Questo può aiutarti a proteggerti da ulteriori manipolazioni.

Mantenere il contatto con il narcisista al minimo dopo la rottura è fondamentale per proteggere il tuo benessere emotivo e prevenire ulteriori manipolazioni. Ecco alcuni motivi per cui questa strategia è importante e come puoi approfondirla:

Evitare il Ciclo della Manipolazione: Il narcisista può cercare di riavvicinarti o manipolarti attraverso messaggi, telefonate o incontri. Mantenendo il contatto minimo, puoi ridurre le possibilità che riesca a esercitare ulteriore controllo su di te.

Guarigione Personale: Dopo una relazione con un narcisista, è essenziale concentrarti sulla tua guarigione e autostima. Questo è difficile da fare se continua a interferire nella tua vita.

Ridurre la Tensione Emotiva: Il contatto con il narcisista può generare tensione emotiva, ansia e confusione. Mantenendo le distanze, puoi avviare un processo di recupero più sereno.

Affermare i Tuoi Limiti: Imparare a mantenere il contatto minimo è un modo per affermare i tuoi limiti. Renditi conto che hai il diritto di decidere chi può entrare nella tua vita e chi no.

Creare uno Spazio Sicuro: Allontanandoti dal narcisista, puoi creare uno spazio sicuro in cui puoi iniziare a ricostruire la tua vita senza la paura delle manipolazioni continue.

Evitare la Rinuncia alle Tattiche di Manipolazione: Il narcisista potrebbe cercare di utilizzare tattiche di manipolazione per riportarti nella relazione. Mantenendo il contatto minimo, puoi evitare di cadere in questa trappola.

Accettazione ed elaborazione: Rappresenta il percorso verso il recupero e la guarigione. *Accettare la realtà* è il primo passo per iniziare il processo di guarigione. Significa riconoscere che la relazione con il narcisista è finita o che hai subito un'esperienza dolorosa.

 Richiede poi di *esplorare* e *affrontare le emozioni* associate alla relazione o all'esperienza traumatica. Questo processo può farti provare rabbia, tristezza, confusione, senso di colpa o persino senso di vergogna. È importante permettersi di sentire queste emozioni senza giudicarsi.

Mentre elabori le emozioni, *il perdono*, sia verso te stesso che verso il narcisista, può essere un passo importante verso la chiusura emotiva. Perdonare non significa giustificare o dimenticare il comportamento abusivo, ma piuttosto liberarti dal peso delle emozioni negative.

Guardare indietro alla relazione o all'esperienza con occhi critici può aiutarti a riconoscere i segnali di allarme e le dinamiche tossiche. Questo *processo di riflessione* può darti una maggiore consapevolezza e prevenire futuri coinvolgimenti in relazioni simili.

La creazione di *un nuovo percorso* nella tua vita può includere la definizione di obiettivi personali, lo sviluppo di relazioni sane e il ritorno alla tua autostima.

Affrontare questo percorso non significa necessariamente dimenticare completamente l'esperienza o la relazione, ma piuttosto raggiungere un punto in cui puoi vivere la tua vita in modo sano e felice, nonostante il passato. Questo processo può variare da persona a persona e richiedere un diverso periodo di tempo, ma è un passo fondamentale verso la guarigione.

Per mantenere il contatto minimo, comunica in modo chiaro e assertivo con il narcisista riguardo alla tua decisione. Limita le interazioni solo a questioni essenziali e, se possibile, fai tutto in forma scritta in modo da avere una registrazione delle comunicazioni. Cerca il supporto di amici fidati o professionisti della salute mentale per affrontare le sfide che possono sorgere durante questo processo. Ricorda che la tua salute emotiva è una priorità, e mantenere il contatto minimo è un passo positivo verso il tuo benessere.

Evita di Colpevolizzarti:

Non colpevolizzarti per la tua situazione. Molte persone cadono vittime dei narcisisti, ed è importante accettare che è possibile uscirne.

Occhi un altro passo nel processo di guarigione da una relazione con un narcisista ed alcune riflessioni sull'importanza di evitare l'autocolpevolizzazione:

Riconoscere che non è colpa tua: È vitale capire che il comportamento manipolatore e abusivo del narcisista non è colpa tua. Non hai causato o meritato il suo trattamento. Spesso, i narcisisti scelgono le loro vittime con cura e cercano di sfruttare le loro debolezze o insicurezze. Riconoscere che sei stato coinvolto in una relazione tossica è il primo passo per liberarti dalla colpa.

Condividere con altri: Parlando con amici fidati, familiari o professionisti della salute mentale, puoi ottenere prospettive esterne che ti aiutano a vedere che non sei da biasimare e possono darti il sostegno di cui hai bisogno per superare la sensazione di colpa.

Apprezzare il tuo valore: Il narcisista può abbattere la tua autostima, ma è importante lavorare su te stesso per riscoprire il tuo valore e la tua autostima. L'auto-compassione è fondamentale. Accettati per chi sei, con i tuoi punti di forza e le tue imperfezioni.

Capire il ciclo dell'abuso:

Comprendere il ciclo dell'abuso e le dinamiche delle relazioni con i narcisisti può aiutarti a riconoscere che il comportamento abusivo del è una questione legata ai loro problemi personali, e non è di certo colpa tua.

Guardare avanti: Piuttosto che rimanere imprigionato nel passato, concentrati sul futuro. Prendi in considerazione i tuoi obiettivi personali e le relazioni sane che desideri sviluppare. Questo ti aiuterà a superare il senso di colpa e a muoverti verso una vita più sana e appagante.

Chiedi supporto professionale: In alcuni casi, potresti desiderare il supporto di un professionista della salute mentale per affrontare la colpa e le conseguenze dell'abuso narcisista. Un terapeuta può aiutarti a sviluppare strategie per affrontare il processo di guarigione.

Ricorda che il senso di colpa è spesso un prodotto dell'abuso emotivo e manipolatorio del narcisista.

Cura Te Stessa/o:

Prenderti cura di te stesso è fondamentale. Concentrati sul tuo benessere emotivo. Cerca il sostegno di un terapeuta esperto se ne senti il bisogno e partecipa a gruppi di auto-aiuto se pensi che possa facilitare il processo, avresti modo di condividere le tue esperienze e trovare il sostegno di persone che hanno passato attraverso situazioni simili. Io oltre alla terapia ho trovato molti benefici nella pratica della mindfulness, può aiutarti a ristabilire l'equilibrio nella tua vita, consentendoti di sviluppare maggiore consapevolezza e resistenza emotiva, è una sana abitudine che pratico ancora oggi. Assolutamente, tieni sempre presente che investire tempo ed energie nel tuo benessere è la chiave per la svolta. È un atto di amore verso te stesso che ti porterà verso una vita più sana e appagante.

Guarda Avanti:

Guarda con speranza al futuro. Concentrandoti sulle opportunità che si presenteranno una volta uscita/o dal ciclo della relazione tossica, potrai riscoprire i tuoi interessi, i tuoi obiettivi e i tuoi sogni. Questa è la tua occasione per vivere una vita piena e autentica.

Sii Paziente:

La guarigione richiede tempo, e potresti sperimentare alti e bassi emotivi. Sii paziente con te stesso e cerca sostegno quando ne hai bisogno.

Rompere il ciclo di una relazione con un narcisista può essere difficile, ma è possibile. Ricorda che meriti una vita felice, sana e appagante.

Capitolo 7: Il Processo di Guarigione - Accettare il Dolore e il Lutto

Accettare il dolore e il lutto è il primo passo cruciale nel processo di guarigione dopo una relazione con un narcisista. Quando termina una relazione tossica, i sentimenti di profonda tristezza e perdita sono quasi inevitabili. Questi sentimenti non dovrebbero essere sottovalutati o evitati, ma accolti come una parte necessaria del percorso di guarigione. In questo capitolo, approfondiremo come affrontare questo aspetto emotivo della tua esperienza.

Il Lutto per la Fine della Relazione:

La fine di una relazione, qualsiasi essa sia, spesso porta con sé una sensazione di lutto. Tuttavia, la fine di una relazione con un narcisista può essere particolarmente dolorosa, in quanto la connessione emotiva spesso si basa su dinamiche disfunzionali. Quando questa connessione viene spezzata, può provocare una profonda sofferenza.

La fine di una relazione con un narcisista è un'esperienza straordinariamente dolorosa, spesso accompagnata da un profondo senso di lutto. Questa sofferenza è amplificata dalle dinamiche disfunzionali che caratterizzano gran parte delle relazioni con i narcisisti. Ecco perché questo aspetto è importante da approfondire:

Relazioni Basate su Dinamiche Disfunzionali: Nelle relazioni con i narcisisti, la connessione emotiva è spesso basata su dinamiche disfunzionali, come il controllo, la manipolazione, la critica costante e la mancanza di empatia. Queste dinamiche possono essere altamente stressanti e dannose, ma creano anche una sorta di "dipendenza" emotiva. Quando la relazione finisce, l'individuo è lasciato con un profondo vuoto, un senso di smarrimento e una sensazione di perdita devastante.

Riconoscimento del Danno: Può sembrare strano ma il dolore per la fine della relazione è spesso accentuato dal riconoscimento del danno subito durante il rapporto con il narcisista. Questo può includere abusi emotivi, manipolazioni, umiliazioni e altro ancora. Il confronto con questi abusi passati può aumentare la sofferenza. Il confronto con questi abusi passati può aumentare significativamente il senso di perdita e la sofferenza emotiva.

La Necessità di Elaborare il Lutto: Accettare e elaborare il lutto è importante per il processo di guarigione. Questa fase non dovrebbe essere evitata o repressa. Il dolore e il lutto sono una risposta naturale a una situazione traumatica, e accoglierli è un passo importante. Ho pianto ogni volta che sentivo il bisogno di farlo.

La Condivisione delle Emozioni: Posso sembrare ripetitiva perché l'ho ripetuto continuamente nel corso del libro, ma non smetterò mai di dirlo, condividere i tuoi sentimenti con professionisti della salute mentale, amici fidati o familiari può aiutarti a elaborare il lutto. Spiegare cosa hai passato può alleviare il senso di isolamento e fornirti un punto di vista esterno. So quanto possono essere complicati e bui alcuni momenti, non rimanere sola/o.

Lavoro sulla Resilienza Emotiva: Il processo di guarigione implica anche lavorare sulla tua resilienza emotiva. Imparare a gestire il dolore e il lutto in modo sano e costruttivo è fondamentale per il futuro.

Un Percorso Individuale: È importante ricordare che il processo di lutto è altamente individuale. Ogni persona avrà il proprio ritmo e le proprie sfide da superare. Ciò che è essenziale è accettare che il dolore è una parte temporanea ma necessaria del tuo percorso di guarigione.

Come elaborare il trauma emotivo.

Accettare i Tuoi Sentimenti: Se sei riuscita finalmente ad uscire da una relazione con un narcisista probabilmente stai vivendo un momento estremamente difficile e stai attraversando molte emozioni complesse. Voglio che tu sappia che è assolutamente normale sentirsi tristi, addolorati e persi quando la storia con un narcisista finisce

. Questi sentimenti non sono un segno di debolezza, ma piuttosto una reazione umana alla situazione che hai vissuto.

Il primo passo verso la guarigione è accettare questi sentimenti. Non c'è bisogno di sentirsi in colpa o giudicarti per le tue emozioni. La tristezza e il dolore che provi sono reali, e ignorarli o reprimerli non farà altro che prolungare il tuo processo di guarigione. Accettare i tuoi sentimenti è il tuo diritto, e può portarti verso una guarigione più profonda.

È importante comprendere che l'accettazione dei tuoi sentimenti non significa che stai cedendo al narcisista o che ha vinto. Al contrario, è un atto di resistenza e autenticità. Stai affermando la tua umanità e il tuo diritto a sentirsi una persona reale.

Ti incoraggio a condividere questi sentimenti con persone di fiducia, come amici o familiari, o a considerare l'opzione di parlare con uno specialista. Parlarne apertamente può alleviare il peso che senti sulle spalle e darti una prospettiva esterna preziosa.

La strada verso la guarigione può sembrare lunga, ma l'accettazione è il primo passo per superare il dolore e ritrovare la tua forza interiore. Sei una persona preziosa, e meriti di vivere una vita felice e sana. Continua a prenderti cura di te stesso e tutto passerà senza che nemmeno te ne renda conto.

Lavorare con un Professionista della Salute Mentale:
Un terapeuta specializzato in abusi emotivi può essere un valido alleato nel percorso di guarigione, ti offre un ambiente sicuro e privo di giudizio in cui puoi esplorare i tuoi sentimenti e affrontare il lutto legato alla relazione con il narcisista. Questo aspetto riveste particolare importanza tutte quelle volte in cui condividere le esperienze con amici o familiari può risultare complesso. Talvolta, ciò che hai vissuto potrebbe essere difficile da spiegare o persino imbarazzante da condividere con persone esterne. Questo senso di imbarazzo o la paura di non essere compresi potrebbe spingerti a isolarti ulteriormente. Di conseguenza, la consulenza di un terapeuta diventa un luogo in cui puoi essere te stesso, esplorare i tuoi sentimenti e ricevere il supporto di cui hai bisogno senza paura di giudizi.

Auto-Compassione: Nel processo di guarigione, è essenziale coltivare la compassione verso te stesso. Non incolparti per il dolore che stai vivendo. Questo dolore non è un segno di debolezza; è una manifestazione della tua umanità. La capacità di praticare l'auto-compassione diventa un alleato prezioso nel percorso di guarigione. Sii gentile e paziente con te stesso mentre attraversi il dolore e il lutto. Accogli i tuoi sentimenti con comprensione e amore, proprio come faresti con un amico caro in un momento di difficoltà. La compassione verso te stesso ti aiuterà a guarire in modo più efficace e a ricostruire la tua autostima e il tuo benessere emotivo.

Tempo e Pazienza: Il lutto per la fine di una relazione tossica richiede tempo e pazienza. Non esiste un calendario fisso che possa determinare per quanto tempo durerà questo processo. È importante rispettare i tuoi tempi e cercare di evitare di forzare la guarigione. Ogni individuo è diverso, e le tue esperienze e sentimenti sono validi. Accogli il percorso di guarigione con gentilezza verso te stesso, permettendo ai tuoi sentimenti di emergere e fluire naturalmente. Ricorda che non c'è una via giusta o sbagliata per guarire, ma ciò che conta di più è il tuo benessere emotivo e il tuo progresso personale.

Ama te stesso

Amare te stesso non è un atto di egoismo, ma una necessità.

Coltivare l'amore per se stessi richiede tempo e impegno, ma è un investimento in te stesso che ne vale la pena. Ecco alcuni suggerimenti per iniziare:

Pratica la Compassione: Sii gentile con te stesso. Quando commetti errori o affronti sfide, anziché criticarti, trattati con compassione. Parla con te stesso come faresti con un amico.

Focalizzati su Cosa Apprezzi di Te: Prendi nota delle tue qualità positive, competenze e successi. Spesso ci concentriamo sui nostri difetti, ma è altrettanto

114

importante riconoscere ciò che ci rende unici e degni di amore.

Impara a Stabilire Confini: Imparare a dire "no" quando è necessario è una parte essenziale dell'auto-amore. Proteggere i tuoi limiti è un atto di rispetto verso te stesso.

Ricarica le Energie: Dedica del tempo a te stesso per praticare l'autocura. Questo potrebbe includere attività che ti rilassano o che ti fanno sentire bene, come lo yoga, la meditazione o anche una semplice passeggiata nella natura.

Cerca il Supporto di un Professionista: Un terapeuta specializzato può aiutarti a esplorare le tue emozioni, affrontare il passato e sviluppare l'auto-amore in un ambiente sicuro e non giudicante.

Pratica l'Autenticità: Sii te stesso senza paura di essere giudicato dagli altri. L'auto-amore ti consente di abbracciare la tua autenticità.

Ma cosa succede quando inizi ad amare te stesso?

Quando impari ad amare te stesso, il mondo intorno a te sembra subire una trasformazione. In realtà, l'unica cosa che è cambiata sei tu. È possibile che alcune persone si allontanino da te, ma non considerarlo come una perdita. È semplicemente il risultato del fatto che stai viaggiando verso una nuova direzione, dove incontri persone più in sintonia con il tuo vero io.

Le sfide che incontri non sembreranno più così insormontabili poiché ora hai fiducia in te stesso e nella tua capacità di trovare soluzioni. Cominci a riconoscere il tuo valore intrinseco e sviluppi la capacità di stabilire confini sani nelle tue relazioni. Non permetterai mai più a nessuno di controllarti poiché ora sai come proteggere la tua autonomia e gestire le tue emozioni in modo sano.

Vivere in modo autentico diventa una priorità, e smetti di cercare costantemente l'approvazione dagli altri. Accetti te stesso per chi sei realmente e ti concentri sul tuo benessere emotivo e sulla tua crescita personale.

Scopri che la felicità che scaturisce dall'amore per te stesso è molto più duratura rispetto alla disperata ricerca della felicità attraverso le relazioni. Trovi una maggiore pace interiore e stabilità emotiva. Sperimenti una riduzione delle fluttuazioni d'umore, che hanno caratterizzato l'intero periodo della relazione tossica che hai vissuto e reagisci in modo più equilibrato alle sfide che la vita ti presenta. La tua mente diventa più flessibile, permettendoti di adattarti meglio ai cambiamenti e alle sfide.

In definitiva, amare te stesso rappresenta un investimento per il tuo benessere generale. È un processo che può portare a cambiamenti profondi nella tua vita, consentendoti di vivere in modo più soddisfacente e autentico.

> *Per quanto mi riguarda, ricominciare ad amare me stessa mi ha dato la forza di chiudere la relazione ed avere gli atteggiamenti giusti per non farmici riportare dentro. Del resto il No Contact necessita di molta forza interiore e una totale convinzione che quella sia la cosa migliore per te. Provare quel senso di libertà però era una ricompensa a quel senso di astinenza che si presentava costantemente. In fondo è pur sempre una dipendenza quella affettiva. E quando la mente mi riportava continuamente a lui, alle delusioni e alle ferite che mi aveva inferto, io mi chiedevo... Ma i ricordi belli dove sono? E quindi mi sforzavo ostinata a cercarne uno, per non pensare di aver buttato tre anni della mia vita e finalmente quando trovavo quel ricordo piacevole, mi rendevo conto che non era stato reale, perché dietro ci stavano decine e decine di bugie a costruirlo. Oggi posso dire, grazie ad un intenso lavoro su me stessa, fatto di meditazione, psicanalisi, attività fisica e la corsa verso nuovi obiettivi, che quegli anni non sono stati vani. Mi piace pensare che quelli sono gli anni che mi hanno permesso di evolvere.*

Il percorso attraverso una relazione con un narcisista è una sfida che molte persone affrontano, ma ciò che vedono è solo tanta solitudine e frustrazione, non sanno che dietro a certi atteggiamenti si nasconde un disturbo. È un viaggio che può lasciare cicatrici emotive profonde, ma è importante sapere che c'è speranza e guarigione alla fine del tunnel, anche se molto spesso quella guarigione può arrivare solo con la fine della relazione,

Questo libro è stato progettato per offrire comprensione, supporto e strategie per coloro che hanno vissuto o stanno vivendo una relazione tossica con un narcisista.

Per quanto mi riguarda sono riuscita ad uscirne solo quando ho iniziato ad essere consapevole di ciò che mi stava succedendo. Leggere degli schemi narcisistici e vedere che io vivevo esattamente le stesse cose, mi diede l'impressione di non aver vissuto niente di reale, mi sembrava di avere avuto un ruolo in un film, con la trama già scritta. Durante tutta la relazione con N. l'ho lasciato tantissime volte, per i dubbi che avevo, per gli atteggiamenti ambigui, per le mancanze di rispetto, e perché non ero felice. Ma ogni volta riusciva a ritirarmi dentro, mi sentivo come in trappola e spiegavo a chi mi voleva bene che ci provavo a mettere fine a quel rapporto, ma non ci riuscivo. Lui fingeva malori, chiedeva chiarimenti fino allo stremo delle forze, ha perfino pianto per mostrare pentimento. Non riuscivo a trovare mai la motivazione che mi permettesse di mettere un punto. Nell'ultimo periodo della nostra relazione, pregavo che finisse, chiedevo a Dio la mazzata finale, quella che mi avrebbe fatto toccare il fondo, sapevo che solo così potevo uscirne. Come quando strizzi gli occhi, serri i denti, trattieni il fiato e ti aspetti il colpo finale, quello più doloroso. Ed è stato così, nel giugno 2021 ho scoperto le vite parallele di N. L'ultimo gancio allo stomaco quello del ko. A quel punto ho alzato il muro. NO CONTACT. Non rispondevo alle chiamate, ne ai messaggi. Mentre vivevo l'incubo più assurdo della mia vita cercavo riposte, ho fatto ricerche, ascoltato podcast di psicologi specializzati in relazioni tossiche e narcisismo, letto libri e sono stata in terapia. In quel periodo appresi tutto ciò che per me era importante sapere per ripartire da me.

Abbiamo esplorato le caratteristiche dell'ego narcisistico, le dinamiche delle relazioni con i narcisisti, e abbiamo discusso le sfide del cambiamento e della guarigione. Inoltre, abbiamo sottolineato l'importanza fondamentale dell'amore per se stessi nel processo di guarigione.

Affrontare una relazione con un narcisista può essere incredibilmente difficile, ma speriamo che questo libro abbia fornito un faro di luce nel buio, una guida per la guarigione e un promemoria che non sei sola/o in questo percorso.

Ricorda, la guarigione richiede tempo e dedizione, ma è possibile. Cerca aiuto, parla con professionisti qualificati, condividi le tue esperienze con amici fidati e ricorda sempre che l'amore per se stessi è la chiave per una vita più sana e appagante. La tua esperienza con un narcisista non deve definire il tuo futuro. La guarigione è possibile, e questo libro è stato progettato per accompagnarti verso la libertà.

Ti auguro il meglio e ricorda che meriti AMORE.

Ti incoraggio a tenere un diario durante il tuo percorso di guarigione. Scrivere i tuoi pensieri, le tue emozioni e le tue riflessioni può essere incredibilmente terapeutico.

In questo momento mi sento

Printed in Great Britain
by Amazon

32240286R00089